JN411019

나 하나도
안 그립습니다

나 하나도 안 그립습니다

초판 1쇄 인쇄일 2013년 7월 20일
초판 1쇄 발행일 2013년 7월 23일

지은이 강석운
펴낸이 양옥매
편집디자인 신해니
표지디자인 박무선

펴낸곳 도서출판 책과나무
출판등록 제2012-000376
주소 서울특별시 마포구 월드컵북로 44길 37 천지빌딩 3층
대표전화 02.372.1537 **팩스** 02.372.1538
이메일 booknamu2007@naver.com
홈페이지 www.booknamu.com

ISBN 978-89-98528-46-1(03810)

이 도서의 국립중앙도서관 출판시도서목록(CIP)은 서지정보유통지원시스템 홈페이지(http://seoji.nl.go.kr)와 국가자료공동목록시스템(http://www.nl.go.kr/kolisnet)에서 이용하실 수 있습니다.(CIP 제어번호: CIP2013012051)」

나 하나도
안 그립습니다

강 석 운 지음

책과나무

잉태(孕胎)를 예고하다

해산의 고통이 크지만 잉태의 기쁨에 견주면
능히 이겨 내겠지요
생명의 잉태는 늘 설렘으로 시작되고
사랑의 환희로 만들어지더군요

〈사랑〉처럼 해독(解讀)이 어려운 것도 없습니다
때론 환희이었다가 절망이었다가
희망이었다가 지옥이었다가
그렇게 어렵사리 잉태한 사랑은 또한
영원하지 않으니 어찌합니까!

그러나 아프지 않으면,
환희가 없으면,
사랑 또한 잉태하지 않으니
우린 또다시 슬픔을 사랑하지 않을 수 없지요
왜냐면,
사랑 없이는 우린 촌각도 살 수 없으니 말입니다

단장(斷腸)이 슬픔을 겪고 나서야
심장에 묻힌 사랑이 보였습니다!

내가 사랑했던 사람들 보다
나를 사랑한 사람들이 이토록 많았음을 알았다는 것도
소풍 마치기 전이라 다행 아닙니까?

나를 사랑하는 사람들을 위해 오늘
그 찬란한 사랑의 시간을 준비해야겠습니다
그게 또 다시 절절한 사연을 갖게 된다하여도
사랑하지 않으면 반복 될 회한(悔恨)이 두렵기 때문입니다

그래서 잉태는 두렵지만 기쁨이고
해산은 고통이나 환희입니다
미치지 못하는 언어로 세상을 바라보려니
심장 가운데로 흐르는 물줄기가 멈짓거리고 있네요

저를 사랑하는 마음이 둑(堤防)이 되어 주실거라는 믿음으로
조바심 물리며 내어 놓습니다

2013.06.03. 돌구름(姜石雲)입니다

1. 나, 하나도 안 그립습니다

-그리운 단 한 사람을 위하여-

안개

강을 갈라놓은 다리 불빛에서
용의 입김처럼 운무가 뿜어 나옵니다

무명천 장막이 덮이고
사이로 붉고 푸른 빛이 탈출구를 찾습니다

불빛은 우리가 만난 그 날
당신의 입술처럼 아른거리고
어느 틈새이건
스며들어 적실 줄 알았는데
그대의 마른 목소리는 그대로입니다

아득한 시간부터
내 마음 지탱했던 방파제는 무너지고
무지개다리 불빛에서 토해내는
안개 속을
갈 곳 없이 헤매이는데

때사 달려와
내미는
당신의 가녀린 하얀 손

양화대교(밑) 무지개다리 아래서

내 마음 멎는 곳

늘 당신을 팔베개 할 때도 아프지 않던 팔이
혼자 턱 고이고 당신을 그리니
팔이 저립니다

당신의 미소가 아름다운 줄 몰랐는데
떠난 후 그 웃음이
아름다운 이슬로 네 눈에 멎었습니다

슬픔은
시간의 사치라고 우기시더니
그 사치를 내 가슴에 묻고
잊지말라는 말 할 필요도 없이
언제나 생각하게 하셨군요

가슴 열린 틈으로
당신은 웃고 가시고
따라 들어온 가을이 그리움을 놓고 일어섭니다

2005.10.04.

깊은 사랑

지금 이토록
가슴 저미어 아파하면서도 죽음을 생각하지 못함은
내가 당신을 사랑함보다 더 깊은 사랑을 내게 보내시는
어머니 때문입니다

죽음보다 더 깊은 사랑으로
나를 지탱하게 하시는 어머니께 드리는 말은
"어머니를 사랑하기에 그미의 일은 잊었습니다."

아 하...........!
이 피토하는 보고픔의 설움을
언제까지여야 하나요?

2010.11.20.

내 마음 산굼부리

비가 옵니다.
폭포수 같은 비가 쏟아집니다

그미 떠난 가슴엔
산굼부리보다 더 깊은 골이 패이고

그리움에 목타는 골짜기엔
거북등이만 남아
그 곳에 언제
그미의 풍성한 봇물을 담그리까

비가 옵니다
폭포수 같은 비가 쏟아집니다

산굼부리가 넘실대어야 내 마음도
둥실 떠갈 겁니다
거북등이 가슴엔 아직도
슬픈 기다림이 앉아 있습니다

* 산굼부리: 바닥이 없는 웅덩이.

2010.08.09.

지금도 사랑하건만

당신을 부르다
오늘 울고 말았습니다

이토록 애절한 가슴이 전에는
정녕 없었는데
에이는 가슴 속 설움으로 넘쳐도
그미는 대답이 없습니다

연애 할 때는 그래도
내 눈빛 땜에 밤잠 못 이룬다더니
悲哀(비애)가 넘실거리는 심장은
그미로 하여 침몰합니다

사랑을 하면 세상은
환희로 빛날 줄 알았는데
모두가 회색 이별입니다

흑과 백이 사랑을 갈랐습니까?
바람과 별이 갈랐습니까?
아니면,
질긴 인연의 끈이 찾아 온 것입니까.

하늘의 시기인가요?
바다의 질투인가요?
이승엔 없는 그미를
내가 여태 변함없는 사랑을 안고 있음이

2010.12.05.

그리움의 본질

누가,
그립다고 말하면 웃었습니다
그럴 수 있다고
보고파서 서럽다고 하면 안아 주었습니다
위로가 되라고

못견디게 사랑해서 괴롭다 하면
더 사랑하라고 하였습니다
사랑은 환희라고.
이별의 절망을 말하면 함께 울었습니다
내 눈물로도 그 상처가 씻기울 것이라고

오! 사랑하는 님이여,
그미의 시간이 고통일 줄.
그미의 별리가 가슴 가르는 사랑으로
이렇게 다가 올 줄은!
환희보다 더 빛나는 사랑은
심장 찢기는 아픔이어야 하는 줄은!

오! 사랑하는 님, 오늘 알았습니다

2011.12.20.

가을 아지랑이

가을바람 가슴 적시며 지나는 길에
그미의 사랑도 함께 떠나고
혼자 헤아리는
바람 속의 언어들

변한 것은 없지만
그미의 시린 웃음만 남아
지울 수 없는 상처로 가슴앓이를 합니다

2012.09.28.

여보

엊그제 일입니다. 당신이
갈바람 불던 날

바람처럼 내게 스미며
"여보!"라고 수줍게 부른 때가

"애들이 다 늙어도
당신은 언제나 선생님이야?"
내 핀잔에
"여봇!"하고는
허리 부러지게 웃었지요

"그렇게 웃다간
새우처럼 허리꾸부렁이 되겠다."
"어머! 허리 꾸부렁이에
새우처럼 수염도 길게 나겠네!
그래도 절 사랑하시겠어요?"

목젖 보이도록 깔깔대던
그 때는
엊그제였습니다

내 사랑!
그 날처럼 오늘
갈바람 타고 오실 것을 기다립니다

크게 웃으며 눈맞춤 하던
진주 빛깔 치아가 그리워
바람 속을 걷습니다

2012.10.30.

그미는 사랑입니다

내 곁에 안 계신 그미는
그리움의 선을 넘었습니다
누구는 사랑이 가끔씩 생각나서
눈물짓는다 하지만,

그미는
촌각도 내게서 떨어질 줄 모릅니다
우리 전생에 다정스런 연인이어서
이승에선 뉘의 질투가
이토록 잔인한 것인가요

꽃잎이 흩날리는 하늘엔
그미가 팔 벌리고 웃고
가을비 부슬이는 거리엔
그미의 싸늘한 키스가 입가를 스칩니다

어느 한 순간이라도 당신은 제발
내 어설픈 가슴에서 떠나도 좋으련만
내 무엇이 그리 좋아 찰나도 떨어지려 하지 않습니까?

나 그미를 떠나려 몸부림치건만
무슨 할 일이 있다고

붙잡고 이렇게 속으로 피를 토하게 합니까

그저 다른 이들처럼 가끔씩
아주 가끔씩 생각난다면 좀 좋겠습니까?
26년을 부대끼며 보아온 얼굴인데
어이해 이렇듯 놓아주지 않으십니까

그미의 달콤한 사랑의 언어들이
이제금 가슴에 살아 날아오름은

사랑입니까?
비탄입니까?
오늘은 우산을 쓰고서도 빗물이 눈에 스칩니다

2012.12.04.

나목(裸木)

행복이 가득하다고 느끼면
불행이 가까운 것을 아시는지요
칸나 꽃이 붉으면
이제 슬프게 흩어질 것도 생각하세요

웃고 있는 그대의 하얀 얼굴은
고통스런 몸짓이 이뤄낸 유리 구두 같은 것
사랑이 그대를 행복하게 한다면
미움의 그림자도 따라 온 것을 바라보세요

까만 하늘이 싫어 눈감겠습니까?
떨어지는 낙엽을 보지 않으시렵니까?
그래도 그들은
아름다운 시간의 그대 반쪽인 것을

타는 단풍의 화려함도
푸르던 여름날 그림자의 한 결인데
밟힌 낙엽 바라보다 문득 하늘을 보면
어느덧 나목으로 서있는 행복이란 불행이 걸려있습니다

웃고 싶습니까?
울음이 숨어있습니다　　　　2008.11.08

사랑은

예술가는 아니더라도
세상에서 가장 아름다운 조각을 했지요

머나먼 곳에서 그리워하더라도
나보다 더 행복한 사람은 없더이다

가진 것을 다 빼앗긴다 한들
더 품고 싶은 것이 없어서
그미 생각만 하여도
가슴은 환희로 가득 차오르고
지금 그미 이 자리에 없어도 난
세상에서 가장 행복한 사람이지만,

작은 걱정하나는
그미가 나를 사랑한 것만큼
내 사랑이 그미를
채우지 못한 안타까움 입니다

사랑은
이렇게 작은 절망도 있습니다

2006.07.22.

행복

오늘 이렇게 찬바람이 부는 이유는
어제
그대의 미소가 너무 따뜻했기 때문입니다

달빛이 저토록 아름다운 건
어둠의 질곡을 절망하며 걸어온
연인들 가슴입니다

구름이 흔들리며
낙엽 위로 바위처럼 떨어지는 것은

이별 후 있을 기약 없는
행복 때문입니다

2008.11.17.

양수리 (2)

가슴 터질듯 한 그리움에 쫓겨
양수리로 갔습니다
작은 숨소리 바람에 실려 그미가 속삭입니다

초여름의 양수리 저녁은
엷은 그리움의 물안개로 낮게 내려 앉아
사랑하는 사람들만 부르고
그미를 날려 보낸 그 날처럼 하늘은
아직도 회색빛 그대로입니다
설마-

그래도 내겐 날개 달고 솟아오른 그 하늘인 채로
그미가 앗아간 시간이 너무 쓰라려
몇 해를 보헤미안이 되어 세상을 헤매었습니다

강의 검은 그림자가 푸른 산허리 위를 걸어가고
그미의 글썽이던 눈물이 떨어져 밤안개 되어
메마른 얼굴을 적셔줍니다

평생을 마음 저리게 사랑한 우리는
또 다시 한 방울 물이 되어 만날 날을 기다립니다

먼 훗날을 생각하여도
천년을 지난 어느 날에도
내 심중의 사랑하나는 오직 그미뿐입니다

시간조차도 거추장스러운 시공의 건너편에서
나를 기다리는 그미의 사랑도
나뿐임을 확신합니다

사무치게 그리운 날이 쌓일수록
내가 양수리 무지개 만드는 날도 많아지고

바람이 일고 파도가 되어
우리는 바다로 간다는 것을 약속했습니다

이 혼돈의 시간이 지나면
아주 작은 갈대 잎을 타고서도 나는 갑니다
바다 같은 사랑을 찾아

2007.06.14.

이승이 목련이면-

소리 없이 이쁘게도 피었다 싶더니
하루를 못 넘기고
천둥소리에 한 잎도 안 남기고 떨쳐버렸습니다

도둑이 쓸고 간 자국처럼
부끄러운 줄도 모르고
흉상을 떨고 있습니다

활짝 피어 고고히 뽐내며
시인의 사랑을 받는가 싶더니
어떻게 모진 사랑 그대로 팽개치는지 모릅니다

키는 껑중 맞게 젓가락처럼
위로만 바라보는 거만한 모습이
영원한 사랑노래만 들을 줄로 아는 모양입니다

시샹을 떨치는 비바람이 밉지는 않고
하루를 버티지 못한 꽃잎이 싫습니다
이승이 목련이면
영원하다는 저승이 더 좋습니다

2007.03.31.

겨울비

갑자기 사라진 따뜻한 미소가
오늘은 차가운 겨울비 되어 내리는데

낙엽에 매달린 방울방울마다
얼음 송곳으로 낙하합니다

가시던 그 날도 오늘처럼
진눈깨비 흩날리더니

잊을 길 없는 시간 앞에서
내 마음 덥혀 줄 미소는 사라지고

영영 오시지 않을 줄 알지만
그미가 머물렀을 회색 하늘 바라보며
겨울 나목처럼 바람 속에 섰습니다

2006.12.08.

그리움의 끝

이제는 생각하지 말자
처음처럼 그렇게 설레지도 않으리

다시는 오지 못 할 사람아
사랑의 허공을 만들면 어떡하나

나무에 뚫린 못 자국처럼
영원히 아물지 않을 상처가 되어
죽어서도 사랑한다는 그 한마디가
어찌할 수 없는 서러움의 눈물 만들고

다짐하고 또 다짐하는 빈 가슴에
낙엽보다 먼저 보고픔으로 채워지네

그리워서 기다리다 만날 수나 있다면
천년이라도 문밖 서성이며 기다리련만
강물처럼 흘러간 그미의 목소리는
끝없는 수평선 너머로 흩어지고

지나가는 가을 고운 바람 따라
사랑해요, 사랑해요, 윙윙윙…
가없는 이야기만 뿌리며 갑니다 2006.10.28.

삶의 끝에서 본 별 하나

그리움들이
가슴 깊은 곳에서 일렁이며 멀미를 만드길래
한강 둔치에서
인라인을 타고 달렸습니다

달려도 달려도
가까워지지 않는 보고픔들이 미워서
눈물로 지울까
헐떡이는 숨결로 잊을까

말갛게 불던 바람이
눈물 같은 빗줄기로 가슴을 때립니다

내가 그미를 안고 달리는
생시 같은 꿈속으로 들어가길래
깨어나고 싶지 않았지요
내가 왜 깨뜨립니까!

희미한 저 편에서
별의 소리가 들립니다.
– 아빠……. 사랑해요. –

2006.10.28.

상처

처음엔
세월이 약이라고 그렇게 생각했지요

조심스럽게
상처가 덧날까 두려워 웃고만 지내려 했습니다

한날 두날
세어보지도 않았지만

언젠가는 후시딘 바른 자국도 없이
말끔하리라 아리아리 살았는데

어느 더운 여름날
덧키우지도 않은 상처에 피가 맺혔습니다

왜 이리도
사랑의 열상은 식지도 않는 걸까요?

2006.08.24.

내가 보고프거든

너무 보고 싶어서 오늘
강물을 보았습니다

죽어서도 사랑한다는 그 말이
다시 듣고 싶어서 강으로 갔습니다

함께 즐거웠던 시간들이
강 건너 산등성이를 돌고 있지만

아무도 보이지 않고
장마 속 먹구름만 강물 위를 덮고 있습니다

–내가 보고 싶거든 노래를 부르세요
당신은 웃으며 말했지요

물새 소리도 숨어 버리고
강물도 적막을 품고 흐르는데

난 노래를 부릅니다.
절망의 노래를 가슴앓이처럼 부릅니다

끊기듯 이어질 듯

크게 부를 용기가 없어 가만가만히

어둠 내리는 강변엔
마른 갈대 몇 개만 당신의 모습처럼 흔들거리고

참 많이도 그리운 당신을
저 물안개 속으로 희미하게나마 보였으면 좋으련만

너무 작게 부르는 노래가 싫은지

한참을 불러도 당신은 보이지 않습니다

–내가 보고 싶거든 노래를 부르세요
불러도 보고 싶은 걸 어쩌지요?

2006.06.28.

생선 장수

적지 않은 시간을 사랑한
우리들의 사랑 이야기입니다

연애 시절 얼굴 한 번 보지는 않았지만
그미가 보내는 따뜻한 미소에 가슴이 녹아내려

유명한 시인처럼 대서사시를
예쁜 연두색 편지지에 보냈습니다

삼 년 열애하고 이십육 년을
가슴 깊이 사랑을 심어 놓았는데

얼만큼 시간이 흘렀다고
잊을 때가 되었으니 훌훌이 떨치고 살라네요

아침마다 외치는 생선 장수처럼
날마다 그미의 미소를 먹고 살아온 내가
어떻게 잊을까 그미의 냄새를!

2006.06.10.

나, 하나도 안 그립습니다

칸나꽃 봉오리처럼
붉은 미소를 가득 안겨주었던 그미를

나, 하나도 안 보고 싶습니다

처음 만난 날을 이십육 년 설레며
기다렸던 연인의 눈빛이었던

나, 하나도 안 보고 싶습니다

그미의 붉은 입술 사이로 쏟아지던
진주 빛깔의 고운 치아를

나, 하나도 안 보고 싶습니다

멀리 떠나는 날
수술 자국이 덧날까 봐 가슴 조이며 보냈던 그대

나, 하나도 안 보고 싶습니다

안타까운 시간이 흘러
그미 소식만 기다리다 친구들에게 심통부린 건

나, 그대 그리워 한 것은 절대 아닙니다

이렇게 내 마음이 강물에 잠기어
티끌 들어간 눈처럼 손이 자꾸 가는 게
나 그미 그리워하는 것은 절대 아닙니다

나, 하나도 안 보고 싶습니다

06.06.05.

찬란한 사랑

사랑한다는 것-
그것보다 더 찬란한 것은
사랑받기 위한 몸부림입니다

아름다운 것-
그보다 더 황홀한 것은
내가 아름다워지는 것입니다

가까이서 바라보는 것보다
꽃잎을 보며 그리워하는 것이 사랑이고
그리운 것보다 더 절실한 것은 보고픔입니다

만날 수 없어도 외롭지 않고
들리지 않아도 고운 노래임을 압니다

때로는 그리워 울기도 하고
가끔씩 미워서 꽃을 꺾어 흔들기도 하지만
그게 다 사랑의 밀물인 것을

어느 긴 시간이 지나서
흔적 없는 먼지로 흩어진다 해도

이승에서 함께한 스물여섯 해 이야기를
저승까지 닿지 않은들
그게 무슨 불만이랴

우리들의 이 찬란한 사랑을!

2006.05.25.

안녕

다시는 생각하면 안 된다네요
왜 그래야 하느냐고 묻는데

하얀 아카시아꽃잎만
향기 속에서 눈처럼 뿌려댑니다

그리워해도 헛일이라고
짧은 파마머리 날리며 고개를 흔듭니다

그것은 내 맘인데
보고픈 마음은 내 뜻대로 한다고 보내 온 향기를
가슴에 모아 두었습니다

마음엔 가득 슬픔의 강물이 흘러
갓 피어난 붉은 칸나꽃 잎파리 위로 넘실거리고

후회 없이 사랑했노라며
그미는 잡히지 않는 곳에서 웃고 섰습니다

난 지금도 그곳에 가는 날을 기다리는데-

2006.05.08.

메아리

길섶 칸나꽃이 붉어질 때면
우리는 강 길을 따라 달렸습니다

꽃잎 하나 따서
방울 맺힌 꿀을 입속에서 놀리면
말할 수 없는 환희로
두 눈은 차마 눈물로 반짝입니다

아스라이 비행하는 철새들
어디메서 날아오는 아카시아 향기
그미와 나는
사랑이 머무는 소리를 들었습니다

두 손을 마주 잡고
기쁨이 넘실대는 가슴으로
이 아름다운 봄
설움인 줄은 생각하지 못하였습니다

스물여섯 해
순간처럼 산화할 양이면
그때 들려오던 당신의 웃음소리를
스스럽게 간직 할 것을

그 날의 향기로운 당신의 목소리가
오늘은 강물 위를 날아옵니다

– 정말 행복했어요 –

2006.04.30.

망각

문을 열면 방긋 웃던 내 키만 한
당신의 사진도 떼어 내고
책상 위에 있던
처음 만난 날의 사진도
서랍 속으로 넣어 두고
분신처럼 안고 다니던
차안 컴퓨터에 간직한
당신의 얼굴도 지웠습니다
그러고는 잊으려
하루는 노래로만 지냈습니다
그러고는 생각 안 하려
이튿날, 책만 보았습니다
그러고는 사흗날엔
아예 망각 속으로 들어가려고
종일 먹만 갈았습니다
그러고는 그러고는
나흘… 나흘째 되는 그 날
당신이 보고파 소리 내어 울었습니다

당신이 날아오른
강변을 찾은 그날은
하얀 눈이 참 많이도 왔습니다

좋은 날엔 바람이 부네

그미가 나를 보고 있는 날엔
바람이 부네

바람에 싣고 오는 것은
그미가 좋아하는 레몬 향의 스킨 냄새

오늘은
세상이 온통 레몬 빛깔로 흔들거리네.

사람들은 안경이며 마스크를 하고
종종걸음 치달리지만

그것은 당신의 냄새를 못 맡은
불행한 이들의 아우성일 뿐…….

남산 순두부집에선 조용한 술잔이 기울고
그리움을 신김치에 싸서 가슴으로 저장하는데

언제려나…
<그냥 보고만 있을래요> 하던
핏빛 사연을 사랑할 때는

그미가 못 견디게 그리운 날엔
황사 바람이 부네

황사 때문에 눈물이 난다

2006.03.12.

초혼(招魂)

노래를 부를까요?
춤을 출까요?

내일이 그대가 떠났었고
오늘은 그대가 오는 날이군요

왜 웃습니까?
먹을 만한 음식이 없는데도 웃음이 나옵니까?
그래도 당신이 좋아하던
호두는 좋은 놈으로 골랐습니다

–피부에 좋대요~
당신을 위해서 좋은 피부로 가꿀래요
정말 좋아서 먹었는지
나를 위해서 먹었는지 지금도 모르겠습니다

벌써 가시려구요?
통금시간도 없는데 더 머물다 가세요
노래를 부를까요?
춤을 출까요?

어찌하면 당신이 머물 마음이 생길까요? 2006.02.10.

가난한 마음

울음이 생긴다는 것은
울고 싶다는 마음입니다

오늘처럼 스산하게 바람이 불어오면
또다시 도지는 병입니다

아무리 다잡은 마음이라 하더라도
마음 속 심장에서 울리는 그리움은
바람이 분다고 사라질 일이 아닙니다

쓰다가 확인된 빈 지갑처럼
가슴은 에이는 줄 모르게 비어 있었습니다

먼지까지 털어 낸 줄 알았는데
비어 있는 어느 구석진 곳에서
웅크린 채 있다가 눈물로 솟습니다

그리움이란 그렇게 모질더군요

2006.02.02.

춘풍(春風)

창문이 절로 열리길래
뉘신고? 고개를 내밀었더니

금방 멱 감은 듯
비누 향기 머금은 그미가 들어온다

진주 빛깔의 치아를 보이며
웃고 섰는데

– 봄은 또다시

천 년이 흘러도 흩어지지 않을
그대의 미소를 안고

훈풍이 되어
주름진 내 뺨을 만지며 지나간다

2005.02.13.

양수리

아직은
덜 설운 겝니다
운무가 드러누운 강물에서
그미의 웃음소리가 들립니다
봄바람 사이로
그미의 라일락 로션 향내가 납니다
봄비에 젖은 마른 갈대가
얼굴을 스치기에 문득 그미가 내 눈을 가리나 했습니다

전에는 환생을 믿지 않았습니다
그저 미련한 인간의 안타까운 몸부림이거니 했지요

그러나 지금 그 환생을 믿고 싶습니다
얼마큼의 나의 업보가 지나야
그미의 환생이 이루어지는지…
혹여… 지금의 이 아스라한 모습이
그미의 환생인지 모르겠습니다

양수리 강변에 오면
혼자이지 않은 내가 있어서 좋습니다
언제면 그미의 따뜻한 품에서
그때처럼 내가 안겨 잠을 잘 수 있을까요 2005.03.10.

강가에서

당신이 날아간 그 곳에서
또 다시 따뜻한 바람은 오고

그대의 냄새를 닮은 꽃향기가
나를 안고 있는데

강물은 아직도
내 가슴처럼 시립니다

이제는 그만 서러워하려고
요정을 닮은 친구와 웃기도 했지만

사무치는 그리움은
강물처럼 흘러가지를 않습니다

斷腸(단장)의 아픔을 가눌 길 없어
아직은 차거운 강물에 손을 젓는데

당신의 입김으로 핀 들꽃 하나가
나를 보며 웃습니다

2005.04.14.

애상(愛傷)

이렇게 향기로운 바람이 불어와도
보고 싶지 않을 사랑을 하세요
붉은 꽃이 피고
안개비가 조용히 내려앉아도
가슴엔 빗물 고이지 않을 사랑을 하세요

낙엽이 떨어져 쌓인 거리가
황금빛 노을에 물들어도
가 버린 사람이 생각나지 않을 사랑을 하세요

솔밭 오솔길에 어여쁜 두 발자국 위로
하얀 눈이 소리 없이 찾아와도
뽀드득 뽀드득 옛이야기 생각나지 않을
그런
그런 사랑을 하세요

마음엔 비탈길
그리움이 소리 내며 굴러 와도
아~ 사랑하는 이여
세월이 가면 쉽게 쉽게 잊혀질
그런
그런 사랑을 하세요.　　2005.04.25

칸나 (3)

바람이 부네요
그미의 냄새를 안고
봄은 여름에 떠밀립니다

그미를 닮은 칸나가 만발한
거리를 걷습니다

하많은 꽃 중에 누가
길 옆 간이 화단에 칸나를 심었을까

우리들 닮은 사랑의 노래가
이 도시엔 그렇게 많았나 봅니다

저렇게 진홍의 꽃을 피우다
일순 –
바람과 함께 날리면

그게 –
사랑의 끝이랍니다

2005.04.27.

칸나 (4)

가슴에 묻어 두면 누구든
훔쳐가지 못하리라 굳건히도 믿었습니다

내 마음의 방파제 너머로
부서지는 파도의 질투일지라도

달빛보다 더 고요한 나의 사랑의 기쁨은
흩어지지 않으리라 굳게도 믿었습니다

아무도 이루지 못했던 사랑이라고
누구도 흉내 내지 않았던 기쁨이라 했지요

나의 칸나꽃 도둑은
안개비처럼 스며와 소나기처럼 사라졌습니다

무지개는 하늘이 성낸 것을
사과하는 것이라고 실비아는 말했지만

그미를 앗아간 도둑은
아픈 기쁨만 걸어놓았습니다

2005.05.25.

칼

예전엔 그리움이 사랑의 침묵인 줄 알았네
기다림은 언제나 목련 같은 고요 속의 아름다움인 줄 알았네

고운 장식을 만드는 것은 가위 밖엔 없는 줄로 알았네
날카로운 그 날로 연분홍 빛깔
잠자리 날개 같은 그미의 옷을 만드는 데만 쓰이는 줄로 알았네

푸른 파도의 일렁임은
오로지 그미의 미소인 것으로 알았네

사랑이 떠나고
그리운 것이 그리움이 된 지금은
칼보다 더 날카로운 보고픔이란 것이
나의 심장을 오려
끝없는 바다로 흐르게 하네

다시는 돌아오지 않을 바람과
다시는 만져지지 않을 미소와
다시는 들리지 않을 웃음소리를
그리움이란 이름의 칼이 가슴을 가르며
매일 매일 붉은 빛 강물에 띄우네

2005.06.05.

아내

이십육 년의 세월을 꿈꾸듯 보내면서
한날에 죽자고 맹세도 했지요

– 당신보단 내가 하루 더 살 꺼예요
그래야 당신이 슬프지 않지

그건 아내의 말이었지만
젊은 시간의 사랑 질투 땜인지

오늘은 내가 빈자리 쳐다보며
–사는 게 행복이라 할 수 없다 – 하지요

어설피 살아온 세월도 아니건만
소풍 왔다 가는 즐거움은 그대가 누리고

하루 한 발짝 찍는 자국도
오늘은 너무 힘든 무간도입니다

2005.06.15.

등대

오이씨 닮은 발을
두 손으로 감싸며 조심스럽게 씻었지요

달걀 같던 뒤꿈치가
굳은살로 돌덩이 되었습니다

행여, 소금물이 갈라진 틈새로 스미어
따갑기라도 할까 봐
두 손으로 꼭꼭 쥐며 씻었습니다

검은빛 바다의 등대처럼
그미의 얼굴에 맑은 미소가 빛납니다

밖으로 맴돌며
〈봉사〉라는 씨를 뿌리는 동안

삶의 무게로 하여 그미는 그렇게
머리에서 발끝까지 잿빛 구름으로 덮여 있었습니다.

–당신은 우리들의 등대예요.
아이들도 당신을 바라보며 자라지요

—아냐, 등대는 나구, 불빛은 당신이야
아이들이라는 이름의 태양이 뜰 때
우린 함께 어둠 속으로 숨는 거야… 그지?

바람이 불고 폭우가 지난 후
등대는 서 있는데 빛은 어둠 속으로 사라졌습니다

이렇게 빛이 흔들리는 날은
그미의 작은 발을 씻고 싶습니다

2005.06.15.

사랑하는 그미에게

사랑은 끝없는 희망
서로의 마주 봄이 사라진다 해도
사랑은 끝없는 희망

사랑은 단 한 방울의 落水(낙수)
단 한 번의 눈빛으로
환희의 기쁨을 쏟는 목마름의 끝

사랑은 가없는 절망
가까이 갈수록 멀어지고
멀어질수록 더욱 가까워지는 아픔의 시작

사랑은 고요한 어둠
흩뿌려놓은 그대– 사랑의 먼지가
나의 절망이었다가 그리고
희망이었다가

그리움의 빗줄기로
창문을 두드리다 문틈 사이로
보고픔의 젖은 얼굴로 웃는 그대는 무지개

아득한 그 시간 멈추는 날

햇살 눈부심으로
가난한 나의 심장에 스미는 그대는

아~ 사랑하는 나의 아내…….

2005.06.19.

바보

–당신은 바보야,
나처럼 늙은 사람을 사랑하는

–〈바보〉는 바로 보는 사람의 준말이래요.
전 선생님을 바로 보았죠

그미는 아홉 살이나 늙은 나를 보며
바다보다 더 파랗게 웃었습니다

일렁이는 가슴
불꽃 같은 사랑만 묻어 놓고 갔지요
더운 여름이 시간을 채우는 날엔
얼음 같은 싸아한 그미의 웃음소리가 가슴을 흔듭니다

고운 사랑을 받을 땐
그게 늘 있으려니 했는데
먼지 되어 날아간 지금에사
내가 준 것이 전혀 없음을 알았습니다

그미에게 받은 사랑의
백분의 일도 준 적이 없습니다

2005.06.24

채송화의 꿈

언제는 작고 이쁘다고
언제는 깜찍한 게 야무지다고

그런데 내일 날엔
땅으로만 자라는 땅딸이라고

꽃도 너무 작아
보이지도 않는다고

가슴에 담아둔 말들이
내 작은 호수엔 너무 많아서

뜨겁지도 차지도 않은
흙 속에 숨겨둔 것을 어찌 알까

하~ 어느 님이
숨겨진 나의 사랑을 꺼내 놓으라네

어찌 아셨을까
방울방울 시간마다 맺힌 내 사연을…….

2005.07.07.

우울증

나머지 남은 반쪽 심장이
자꾸 시들어 갑니다

책 속의 글들이
그미의 일기장이 되어 눈물 뚝뚝 떨구고

마음을 달래려 양수리 갔지만
물안개 사이로 그미가 손짓 합니다

아니야 사랑은 이게 아니야
그미의 사진을 모두 접어도

살아 본 적도 없는 이 골방 구석에서
그미는 웃고 있습니다

내가 호흡하는 이승에서는
그미의 숨소리를 접을 수가 없나봅니다

2005.07.13.

허공

가까이서 아껴주는 사람이 있어서
그래도 덜 생각 날 것 같은데
멀리도 아닌
지척에서 살림을 차렸건만
난 벌써 딸년 생각에
오늘도 담배만 비벼대고 있습니다

함께 생활한 시간보다
떨어져 저 혼자 살아간 시간이 더 많은데도
시집간 딸년이
내 심장을 보쌈질 한 것인 양 서럽습니다

언제는 저것이 누가 안 데려가나…….
심통을 부렸는데
서로 좋아서 눈맞춤하며
뜰에서 장난치는 게 밉상이 되었다가
사흘이면 간다는 말에
가슴이 서늘해지고
담배 연기 흩어지는 허공엔
그미가 소리 없이 웃고 있습니다

2005.10.08.

회상

입맞춤 때문에 일렁이던 그 바다엔
지금도 에메랄드 빛 바람이 분다

구름 솟는 수평선
그 너머에서 복숭아 과수원 하자며 웃더니

여름도 가기 전에 먼저
겨울을 입고 섰었다

파도처럼 하얗게 부서지며
사랑한다고 사랑한다고 푸르게 외치다

남기고 갈 게 없어서
나 혼자만 덩그마니 털어내고 가 버렸다

작지 않은 시간이 흘렀어도
지금도 변함없는 건

죽어서도 사랑한다는
그미와 내가 나눈 첫 사랑 고백

2005.08.16.

바람의 웃음

그미가 오는 날은
바람이 붑니다

아주 작은 미소한 조각으로도
그리움을 흔들리게 하는

그미의 맑은 웃음이
미풍 되어 꽃잎을 날립니다

붉은 칸나 꽃잎이
그미의 입술에서 떨어지는 날엔

바람은 차마 머물지 못하고
내 가슴에 웃음 자국만 찍고 달아납니다

바람이 그미를 부르고
그미는 바람을 안고 옵니다

2005.09.13.

바람속의 그림자

내 허리를 꼭 잡고
하늘처럼 웃던 당신이 보고파서
어제는 자전거에 바람을 싣고
백운 호수를 갔습니다

바람에 밀려간 작은 배 하나가
호수 가운데서 저 홀로
흩어진 영혼처럼 울고

회색 구름이 물 위를 걸을 때마다
그대의 幻影(환영)은 웃는 일 밖엔 달리 없습니다

세월이라는 마약이 내 살 속에 스미면
그대 없어도 잊을 일이 없다고
기다리고 기다리던 약이었건만
바람이 가슴을 스칠 때마다
당신의 그림자는 벌써 내 앞에 서 있습니다

잊히지 않을 님이면
웃지나 말지

행복 (1)

그미의 눈을 보면
기쁜 일이 없어도 웃음이 나왔습니다

–뭐가 그렇게 우스워요?
–당신을 가까이서 보니 기분이 좋아서 그래–

그미를 안고 있으면
서 있어도 잠이 옵니다

그미의 입김이 나의 심장 깊은 곳까지 다가 와
–사랑한다–고 속삭이기 때문입니다

그미의 손을 잡으면
한겨울이래도 내 손은 불을 잡은 듯합니다

–당신 손은 왜 이렇게 뜨거워?
–행복해서 그래요, 당신의 심장이 제 손에 옮아 왔잖아요

돌아오지 않을 먼 길을 떠났어도
오늘은 맴도는 고추잠자리 날개 위에서
그미는 바람 타고 날아와 웃고 있습니다

가을이 깊어 낙엽이 날려도
내가 슬프지 않은 것은
아름다운 사랑 하나 따뜻하게 품어 행복했습니다

다시는 찾지 못하는 사랑을 해서
나……. 정말 행복하였습니다

아름다운 나의 사랑은

세상을 두고 아파할 때에는
님을 생각하라 하신 님–

친구와 다툼이 있을 때엔
님이 겪은 배신도 생각하라 하셨지요

영광의 월계관을 원하려거든
자신을 버리고 님 따르라 하셨는데

작은 도움 하나 이어진 그것을
님의 웃음 닿기도 전에 세상의 상급을 받고 좋아합니다

간사한 시간들로 메워진 나의 시간을
어떻게 님의 사랑으로 채울 수가 있을까

미워도 미워하지 말고
그리워도 그리워하지 말라는 님의 가시가

오늘은 도무지 가슴 떨리는
쇠못으로 다가와 오상(五傷)의 사랑 체험을 합니다

단 한 번 순간의 행복으로

영원 속의 사랑을 이야기하는 것은

님의 짧은 생애가
세상 끝날까지 전해지는 그 사랑처럼

그미의 내 사랑도
그렇게 훗날의 아름다움으로 남겠지요

그렇게 끝날까지
님의 길을 배우며 갈 수 있게 하여 주십시오. 나의 님이시여…….

사순절의 기도에서

애인(愛人)

그대는 언제나 변함없는 애인
생각하면
눈물이 나도록 그리운 사랑하는
나의 애인

그러나 부르고 불러도
목소리가 나올 리 없는
그대는 보일 수 없는 애인

세상이 나를 떠날 때나
내가 곤한 잠 속에서나
그 때에나 소리나지 않을 소리로
달콤하게 불러야 할 애인

아무렴 어때
그대가 존재하고 있다는
그 한 가지만으로도
그대는 나의 기쁨인 것을

아~ 그렇습니다
보아도 보이지 않고

슬퍼도 그게 기쁨이고
불러도 불려지지 않지만

그래도 그대는
세상에서 단! 하나인
내 사랑……. 나의 애인…….

양수리 강물을 보았지요

나의 마음이 갈피를 잡지 못할 때면
양수리로 가지요
보고 싶은 마음이 일렁이고 바람이 햇볕을 부를 때도
양수리를 갑니다
구름 따라 흘려보낸 그미의 웃음을 찾으러 가지만
가슴 속에 바람만 담고 옵니다

– 행복은 늘 함께 있다고 머무는 게 아니고
불행은 헤어졌다고 오는 게 아니듯이 보고픈 사람이
가슴에 머물고 있다는 것이 행복–이라고
연애할 때 그미가 편지를 보내왔었습니다

두 줄기로 흐르는 강물 위에 그미는 미소를 띠며
– 당신은 서해로 흐르는 물 위를 걸어가요
나는 한강으로 흐르다 당신이 서해를 돌아 남해에 다다르면
그때 우리 다시 만나–자고 했지요

어느메쯤 가고 있는지……. 아직 나는 떠날 준비를 하고 있지 않지만
나는 압니다. 나의 발자국 소리에 맞춰서 천천히 서해를 돌고 있음을…

내가 그미의 그림자를 붙잡고 있는 것을 친구들은 웃고 있지만
그래도 그게 행복인 것을 어쩌냐고.
가슴에 가득 찬 사랑보다 더 아름다운 것을 보았느냐고,
그리움이 없는 텅 빈 허공을 쳐다보는 안타까운 사람을 아느냐고 물으면
바람 같은 삶은 영혼에 상처를 줄 뿐이라고 하지요

설사… 치유할 수 없는 상처를 안고 있다하더라도
훗날 긴 여로를 떠나 기약 없는 날에 남해 바다에서 만날 날을 기다리며
죽도록 사랑한 그미의 초상을 품고 있노라면
내 삶의 기쁨은 그미에게서 오고
내게서는 결코 사라지지 않을 그리움의 영상을 안고 있을 겁니다
언젠가는 나도 그미를 따라 가는 것은
변함없는 원칙이어서
그때 나는 말할 것입니다.

– 처음엔 그대가 내가 왔지만 지금은 내가 그대에게 왔어요.
내 사랑!

2005.11.05.

그리운 님

"나는 비가 오나 눈이 오나
슬플 때나 즐거울 때나
평생토록 당신을 사랑하며……."

그리운 이여
오늘 난 뉘의 결혼식에 갔었습니다
당신과 내가 했던 그 서약이
이들에게도 오고 갔습니다
너무 아름다운 모습에 나는 몸서리쳤습니다

' 당신 대전에서 이토록 아름다운 모습으로
당신께 봉헌하는 이 시간을 잊지 않게 하소서'
성당에서의 우리가 한 맹세를 잊지 않고 있습니다.(삽입)

변치 않는 건 우리들의 사랑이시만
당신은 지금 내 곁에 안 계십니다
내가 이토록 당신을 염원하건만
슬픔을 사랑한 당신은 이미 내 사랑이 아닙니다

그리운 님
기쁠 때도 슬플 때도 내 곁에서 함께하신다더니…
눈이 오나 비가 오나

늘 사랑을 주신다더니

그리운 님
나는 지금 슬픔에 넘치지만 당신은 없습니다
비에 젖어 몸시도 춥습니다

나는 그대 곁에 있는데
그대는 지금 어디 계시나요

비 그친 노을이 너무 황홀합니다

서로 사랑

이제는 그 아픈
서로 사랑은 않으리

그대 떠난 후
가슴 에이는 사랑을 혼자 앓느니
그런 사랑은 않으리

내 홀로 길 떠나는 설운 사랑을
님에게는 다시 주지 않으리

설워 설워 설움 고이는
그런 사랑은
다시는 하지 않으리

어쩌다 미소 지으며 사랑받는다 하여도
서로 사랑은 결코 하지 않으리

눈 덮인 산길을 홀로 간다 하여도
외로워 외로워
그리움에 지쳐 가슴이 벌집 될지언정
다시는 꽃잎 흩세는 서로사랑
그런 사랑은 하지 않으리

그리움은 그대

찬바람이 불던 날
내 가슴에
사랑으로 왔습니다

눈이라도 내리면
당신의 눈동자는
환희로 빛났습니다

더 가까이
더 따뜻하게
우린 서로 시린 손을 품었습니다

언제나 내 가슴을 덥게
만들던 당신이
겨울이 되면 나는
당신의 가슴을 뜨겁게 했었지요

　나 이뻐요?
– 아니
– 나 고와요?
– 아니

– 그럼 나 미워요?
– 아니

– 에이! 그럼 뭐예요?
– 아름다워!
세상 존재하는 무엇보다
당신은 아름다워!

시세움의 별리가 당신을 데려갔지만
여태…….
당신보다 아름다운 그 어떤 것도
보지 못했습니다.

내 사랑…….

아픈 사랑

예전에 당신이 내게 말했습니다
사랑해–
내가 당신에게 말했습니다
사랑해–

어느 날 당신은 울음을 토하며 떠났습니다
나……. 당신을 사랑하지만……. 떠나야 하네요…….

당신은 동쪽
나는 서쪽…….
약속하지는 않았지만
서로 다른 곳에서 아픈 사랑을 합니다

서로의 행복을 위한다고
스물여섯 해를 눈맞춤하여 결정한 사랑입니다
아리한 사랑입니다
사랑하는 사람들의 아픈 별리입니다

내가 당신을 사랑한 것보다 더
당신이 나를 사랑했음을 이제 알았지만
행복의 미소를 드릴 수 없기에
나… 아픈 사랑으로 행복합니다

행복해서 미소 짓는 게 아니라
미소 지어 행복하다는 님의 말처럼
당신의 미소에 몸 둘 바를 몰랐던 그 사랑이

이제는 슬픈 기억으로 아파하는
강물이 되었습니다
가슴 깊은 곳에서 흐르는
그리움의 강물은 어느 바다의 상처를 위해 흘러갑니까

그 바다에서 망정 우리 다시 만날 수나 있을까요
다시 불꽃 같은 그리움의 입맞춤을 할 수나 있을까요
그래서 사랑의 아름다움을 미소 지어 말할 수 있을까요

당신과 나의 아픈 사랑을…….

운명

– 난 참 행복한 여자예요
– 왜?
– 남편에게 큰절을 받을 테니
– 음……. 나도 행복해…….
– 왜요?
– 사랑하는 사람에게 평생을 큰절하며 살 테니…….

– 참 이상해요
– 뭐가?
– 우린 서로 미안하단 말 한마디 안 하고 살았잖아요
– 사랑하는 사람끼린 미안한 게 없어
– 그래두…

– 당신… 지금 내게 미안하지?
– 아니!
– 왜?
– 너무 사랑하니까…….
– 나만 두고 가는 길이 괜찮아?
  미운 시간 오기 전에 살 수 있으니 하느님께 감사해요

– 그래……. 언제까지나……. 어쩌면 영원히
당신만 생각하게 하는 당신은 욕심쟁이야

– 나… 약속 지켰죠?
– 무슨?
– 죽도록 사랑한다는…….
– 그래… 이젠 내가 지킬 시간이 되네…….

– 노래 불러줘요
– 무슨 노래?
– 내 십팔번…….
– 섬마을 선생?
– 네…….
– 해당화 피고 지는 섬마을에…….

화장(火葬) (1)

떨어지는 낙엽을 잡으면 사랑을
잡을 수 있다는데

나… 오늘 그렇게 우수수
날리는 낙엽을 하나도 잡지 못하였습니다

안타까운 설레임이 머물 것 같은
두려움에 몸서리치며

처음 만난 그날의 미소가 다시
서러움으로 밀려옵니다

에메랄드빛 하늘엔
두 팔 벌린 당신이 웃습니다

—시공 없이 날아다니게 해서 좋아요

그림자

보고픔의 하나가 그림자처럼
소리 없이
가슴 깊은 곳에 보석이 되어 박혔다

가끔씩 날 부르는 소리에 깜짝 놀라 일어나면
문풍지 사이로 찾아온
바람이었네

간밤 창가에 비친 그대 그림자에
반가운 마음 창문을 여니
가을비에 날아온 단풍잎 하나

눈물 가득 머금고 창문에 붙어
파르르 떨고 있는데

어쩌나 난 그리움의
보석 하나 살돈조차 없는
빈 가슴–

가없는 마음에 님 그림자 떼어 내어
책갈피에
갈무리하다

화장(火葬) (2)

달콤한 사랑의 날들이여
그 많던 당신과 나 사랑의 눈맞춤들

지금은 어느 허공에서 웃음 지며
나를 보고 있는가

달과 별이 부끄러워 동산에 숨던 날
당신의 뜨거운 입술이 영원을
약속했던 시간이여…….

이제는
가고 없는 추억으로 머물고

그대의 육신에 날개 달아 주던 날
나는 정녕 울지도 못했다오

날아올라 날아올라
별이 되어 기다리라고

아니 아니
바람 되어 만나자고…….

11월17일의 칸나

그대를 생각하는 것은
보고픔이 있기 때문입니다

얼굴 본 적은 없지만 칸나처럼
붉고 달콤한
그대라는 것을 알고 있습니다

-그리워하지는 않을래요
송곳 같은 단어가 가슴을 헤집지만

어쩔 수 없는 그리움 때문에 그대는
울고 말 것이라는 걸
난 알고 있습니다

그대를 그리워한다는 것은
아픔을 잉태하고 있기 때문입니다

아직은 긴 시간 지나지 않았지만
가을 하늘처럼 투명한
음성임을 알고 있습니다

– 한 10년 후… 그래도 우린

만날 것 같지 않네요
언어의 절망이 나를 언덕바지로 밀고 있지만

가슴앓이로 토해내는 웃음소리를
어느 사이
그리워져 버렸습니다

아— 보고픈 님이여
천 리 먼 길을 달려가는 나는 그대가
나에겐 보석임을 알려야 합니다

미루나무엔 여태
여름의 미련이 바둥거리고 있습니다

동행

내 삶이 희망을 잃고 방황하는 그 곳에
함박웃음을 안고
첫 눈처럼 다가왔지요

장미가 오월의 꽃인 줄 알았는데
붉은 이파리
입술 자국 선명한 엽서 한 장
그대의 자취를 가슴으로 안으며
꽃잎 사이에 숨은
사랑을 읽습니다

보고 싶지만 아픔이 커질 것 같아
그리웁지만 서러움이
다시 찾아올 것 같아
그저 기도하는 서러움으로
노래를 보낸다는 당신의 고운 모습은
이미 나의 동행이 되었습니다

아려오는 심장의 피는
그대의 뜨거운 열정에 열리고
보내신 꽃잎을 헤아립니다

진혼(鎭魂)

우리가 사랑할 땐
흐르던 강물도 멈췄습니다

언제 저 강물이 그치는가 싶었는데
그대의 열정으로 하여
강물이 마르도록 우린 춤을 추었습니다

우리가 사랑할 땐
태양도 다 타버렸습니다
변함없을 태양에 맹세를 했지만
그대와의 뜨거움으로 하여
불의 신도 빛을 잃었습니다

우리가 사랑할 땐
바람도 숨어 버렸습니다
시간이 멈출 때까지 바람은
우리를 싸안을 줄 알았는데
그대의 웃음소리에 허공으로 사라졌습니다

우리가 사랑할 땐
우리가 사랑할 땐
당신과 내가 사랑을 할 때는

우주의 모든 것이 멎고
우리를 부러워했습니다

이제 당신은 나비가 되고 꿀벌이 되고
사라진 바람을 찾아 떠났습니다

바람을 불러 바람을 불러
가벼운 내 영혼 속에 차 있는
그대의 영상을 데려 가십시오
어서 떠나세요

당신에게 드릴 뜨거움도 소진되고
당신을 위해 흘렸던 눈물도 자국만 남았습니다

내 가슴에 흐트러진 잔영(殘影)들을 묶어 놓은
연륜의 끈을 끊어 주십시오

아— 사랑하는 사람이여……!

날개

늘 보는 하늘이었지만
그냥 푸른빛이 당연한 것으로 알았습니다

잿빛 하늘을 보면
그게 그냥 어두운 빛깔인 것으로만 알았습니다

시간이 나를 이끌어
그대를 입맞춤 한 후에사
그 빛이 그대를 위한 빛깔임을 알았습니다

그대의 입김이 내 심장을 파고들어
어둠의 색깔을 물리친 하늘 빛인 줄은
오늘에사 알았습니다

어둠의 빛도
그대를 위해 내가 밝혀야 하는
사랑의 도구임을 나는 오늘에사 알았습니다

사랑하는 사람이여
나……. 그대를 위한 도구 되려오
선택되어진 기쁨으로
그대를 사랑하게 된 환희의 날개가 되려오

애상(哀傷) (1)

나도 모를 일입니다
왜 이토록 서러운지를—
불빛에 반짝거리는 강물을 보며
그것이 내 맘의 이슬이라고 생각했습니다

한 밤이 지나면
불빛은 태양에 밀려 어둠으로 소멸되듯
나 또한 님을 그리워하며
저 깊은 강물 속으로 사라져버릴 것 같습니다

어둠 속의 남산은
금은빛의 사랑으로 현란한 몸짓의 댄싱을 밟는데
나는 여기서 칠흑의 어둠을 삼키며
사랑을 강물에 담가 봅니다

어렵사리 만난 우리는 자꾸
내 가장자리로 흐르는 차디찬 빙산덩이 때문에

그대의 가슴은 무너지고
난 시나브로 개흙의 늪으로 자꾸 밀려갑니다

이 몸은 아직도 설익은 사랑을 여태 하나봅니다

강물이 흘러가는 사연

그대를 잊으려고 구름 되어 걸어도
파란 하늘엔 요정의 영상만 가득

미운 생각 찾으려고 바람 되어 살펴도
흔들리는 잎새 사이로 하얀 미소만 가득

차라리 내가 돌이 되지
조약돌 사연되어 가라앉으면

요정은 강물의 푸르름 안고
그리움 속으로 핏줄 되어 흐르네

당신은 누구십니까

당신은 누구시길래
이토록 가슴에 상처를 주고
기약 없는 만남을 두고 있습니까

당신은 누구시길래
만나면 시간이 번개처럼 지나가고
새벽은 저녁으로 둔갑합니까

당신은 정말 누구시길래
헤어지면 텅 빈 가슴 복판에
아픈 가시만 박혀 울리고만 있습니까

당신은 악의 화신이라서
나의 영혼을 흔들고
텅 빈 머리의 靈(영)마저 가져가십니까

당신은 환희의 요정이라서
흔들리는 나의 삶을
기다림으로 채우십니까

당신은 정녕 누구십니까----

몽(夢)

오늘이 그대를 보는 날이었지

기다리고 기다렸던 그날이었지
너무나 보고 싶었지만
갈 수가 없었어

왜냐고 묻지는 않겠지만
그렇게 물어오길 기다렸지

–사랑이란 변명으로 그대를
구속하기 싫었다–는 어느 가수의 노래처럼

그래도 이런 글이라도 보내야만
아니 보낼 수 있는 것두 나의 행복인 걸

십 년을 자유인으로 살아왔는데
내가 어찌 그대를 구속할 수가 있으랴

이십육 년을 한 여인만을 사랑해 왔는데
내가 어떻게 흡족한 사랑을 줄 수가 있는가

내 방황을 잡을 수도 없을 것이고

내 집착을 이해할 수도 없을 것을

겨우……. 그대의 얼굴을 각인시켜 놓고
기쁨의 씨앗을 키우려 했었는데
그대에겐 그리고 나에겐
너무 힘든 일이었나 보다

다시는 사랑을 할 수 없을 줄 알았는데
뜨거움을 한껏 피워 놓고
가 버리는 것은 무슨 심술인지

그래도……. 미안해
내가 그대에게 다가선 그날부터
그댄 이럴 줄을 알았던 거 같애

그래도 미안해
내가 그대를 사랑하는 것을
미안해……. 그런데 어떡해……. 어쩌면 널 잊지?

다시

네가 숨 쉬고 있는 그 곳을
잠자리처럼 맴돌다 돌아온 그날부터

솟는 눈물이 심장으로 흘러
가슴에 화상을 입었다

너를 볼 수는 없었으나
고운 너의 미소는 품고서 왔다

이토록 깊은 열병을 고치려
우리가 눈맞춤했던 월미도에
다시 갔다

오늘도

어제는 그대가 그리워
하늘을 불렀습니다

싸늘한 창공에 머물러 휘파람만 불더니
내 더운 가슴으로 하늬바람 되어 스며들었습니다

"친구가 생겼군요."
"그래요……. 아주 친절하고 다정한 친구요……."
"축하해요……. 그럼 나를 잊으시겠네……."
"잊는 게 그리 쉬운 일인가……. 강물 같은 그대의 언어를……."

마음 가득 삭풍을 뿌려 놓고
당신 같지 않은 모습으로 나의 눈을 적시곤 사라집니다

다시 찾아오리라는 걸 알면서도
난……. 새 친구 사진을 빈자리에 꽂아 놓았습니다

사랑은 이렇게 별빛 스치듯 흩어지는가…….

황혼

자식이 죽으면 가슴에 묻는다지만
그대의 사라짐은 내 영혼 깊은 곳에 가라앉아

창공에서 숨쉬기가 모자라서
말도 없이 찾아와서는 웃음 한번 던지곤 사라집니다

우리의 사랑이 아쉬움 없다고
그 뜨거운 입김 남김없이 거두어가더니

멍석 같은 눈만 내리면 좋아하는 나를
강아지 "강"씨라고 놀리며 목젖 보이며 웃고 있습니다

오다만 눈의 질척이는 흉물처럼
내 황혼은 칼바람에 부대끼는데

그미는 지금도 바람 되어
허물어지는 내 영혼 속을 헤집고 있습니다

사랑 (2)

눈물을 보일 친구가 있다면
삶은 살아갈 만하다고 했던가요

새 친구는 지금도
사랑이란 말을 무척 아낍니다

아픈 설움의 시간도
긴- 추억 속으로 갔으리오만

저 혼자 삶을 살아온 것처럼
눈물 보이길 아쉬워하는 듯합니다

수 만 번을 들었을 "사랑"이란 말을 아끼어
어느 시간에 쓰려는지 정말 모르겠습니다

아마도…….
내 가슴 속에 여백 없이 채워진

그미의 영상 때문에
망설이고 있는지도요

어찌합니까…….

아득한 전생의 그때부터

심장에 자리한 그미를 밀어내기가
쉽지 않음을---

어쩌면 새 친구가
눈물 보여 줄 그때는

그미도 마고가 되어 나를
깨워 주겠지요

– 우린 이제사
사랑을 하게 되었답니다–

*마고: 단군 신화 전에도 병이 있었고 병이 있는 곳에는 약이 있었다는 뜻.

사모하는 마음

별을 헤이며 별빛 따라 다가선 사랑이여
타 버린 연기처럼 멀리 멀리 사라져 간 사랑이여

그대 떠난 불꽃의 여운이
가슴 깊은 곳 아직 증기처럼 솟는데

머물던 그림자 스쳐간 입술의 흔적에
흐느껴 울던 밤 새소리도 멈추었습니다

아– 그리움은 꽃잎에 잠든 이슬이련가
사랑은 파도처럼 밀려왔다 사라지는 신기루인가

한마디 사랑한단 말을 매어 놓고
두 번도 못 올 길을 떠버린 미운 사람

모른 척 할라 싶어 새 친구를 부르면
다시금 홀씨처럼 바람에 날려 오네

금단(禁斷) 현상

너를 생각하면 눈물이 난다
너를 그리다 보면
가슴이 저려 온다

너를 바라보노라면
내 심장은
금이 가 부서져 버린다

사랑보다 아름다운 것은 없다지만
비틀거리는 내 육신에
송곳처럼 꽂아 놓은 네 사랑

그대로 너에게
눈물이 되고
가슴이 저려 오고…….

나로 인하여 네 심장은
조각 나 흩어지리라
소멸되지 않는 나의 화영(花影) 때문에…….

기억

오늘이 무슨 날입니까
별들이
너무 슬퍼 몸을 숨기던 날입니다

오늘이 무슨 날입니까
달빛이
아픈 가슴 쓸며 서산에 지던 날입니다

세상은
암흑으로 느껴 울고
하늘은 칠흑의 공허였습니다

저쪽 끝자락
어둠의 허공으로
나를 밀어낸 당신입니다

오늘이 무슨 날입니까
당신이 웃음 지으며
날아오른 그 날입니다

방황

때로는 가슴 적시는 그리움도
우리의 지난 사랑 추억이라고
그대의 웃음소리 기억했지만

언제나 찾아오는 당신 얼굴은
내 마음 깊은 곳 아득한 심연에
잔잔히 일렁이는 파도를 만드네

이제는 지난 사랑 잊혀지자
다시는 오지 못할 먼지로 가려
그래도 방황 끝에 머무는 그대여

도끼질

그리운 걸 그립다하면 죄는 아니지만
날리는 먼지 보고 그립다면
집착인 것을

은행나무가 저만 오래 살려고
열매 맺기 거부하면
밑둥 도끼질 한 번으로 다스리지만

잊어야 할 사람 굳이
잊지 않으려 애쓰는 나는
어느 이의 도끼질로 열매 맺을까

死, 그분은

이 나이에 내가 죽음이 반갑다면
모두 미쳤다고 하겠지요?
그래두 그분이 그립습니다

부모님이 다 계신데
그런 생각은 불효자라고 하겠지요?
그래두 그 분이 오시면 좋겠습니다

지금 이 순간도
하릴없는 삶의 노예 집단에서
생존이라는 보스의 조직을 탈출하고 싶습니다

언제나 조용히 눈으로 말하는 분
나의 지극한 사랑의 그미를 보호하시는 분
나도 그분의 손을 잡고 싶습니다

어둠은 내리고

태양이 스러지면 달빛이
어둠을 밀어내어
한낮의 사랑을 보듬어 가슴에 내리고

까만 칠흑의 서러움
헛기침도 없이 찾아오면
방황하던 심장의 고동은 길을 잃습니다

어느 시간엔들 내가
그를 맞이하리라는 생각도 못했는데
님이 가신다는 음성 듣고서야

버선발로 내닫고
가시면 안 된다고 외치려 했지만
회색 차일 가리고 님은 흔적 없이 사라집니다

어둠은 내리고 설움 머금은 사랑이 지금
빛도 없는 허공에서
님 부르는 통곡 소리 길을 찾지 못합니다

옛날에

참 오래된 이야기군요
우리가 사랑을 배우고 사랑 속에서
아름다운 꿈속을 함께 걸을 때의 이야기입니다

우린 서로 사랑을 확인했지요

–선생님은 절 얼만큼 사랑하세요?
–음……. 저 태양의 뜨거움보다도 더!
–전……. 달빛 비추이는 온 세상보다도 더요!

–음……. 나는 세상 사람들이 숨 쉬는 공기보다 더!
–그럼……. 전 선생님 사랑하시는 것보다 더요!
–아차! 내가 졌다!

깊고 까만 시간이 흘러 그미는 말처럼
내 가슴에 품은 사랑보다 더 큰 사랑을
뿌리고 갔습니다

아마 난 그미처럼 그렇게
다시는 사랑하지 못할 겁니다

나를 사랑한다던 친구도

사라진 지금
내가 그미에게 전해준 말이 생각납니다

–진실한 사랑은 한번 뿐이야
두 번째의 사랑은 오동잎 같아서
찬바람이 불면 떠나야 해

아픔과 고통

사랑하는 사람과 헤어짐은 아픔입니다
어느 것 하나
제 자리에 놓인 것 없는
찢어지는 조각만 가슴에 흩날립니다

시간이 흐르고
세월이 다시 그리움으로 찾아오면
아픔은 고통이 되어 심장을 헤집어 놓습니다

이별이란 것에 난 익숙하지 못했는데
그리움에 가까이 가 보지 못했는데
사랑이 아픔의 시작인 줄 정말 몰랐는데…….

어느새 사랑은 칼이 되어
아픔으로 다가와서 고통으로 머물고
가슴을 갈기갈기 조각내고 있습니다

아~ 이 아름다운 하늘 어딘가에서
그저 머물고만 있어도
이런 고통은 품지 않아도 좋을 텐데…….

강물이 흘러가는 사연

그대를 잊으려고 구름 되어 걸어도
파란 하늘엔 요정의 영상만 가득

미운 생각 찾으려고 바람 되어 살펴도
흔들리는 잎새 사이로 하얀 미소만 가득

차라리 내가 돌이 되지
조약돌 사연되어 가라앉으면

요정은 강물의 푸르름 안고
그리움 속으로 핏줄 되어 흐르네

칸나 (2)

붉은 꽃잎이
당신의 입술처럼
파르르 떨다 낙화합니다

금방이라도
진주 빛 치아를 보이며
등 뒤에서 나타날 것 같은 모습으로

싱싱한 잎사귀는
그 자리에서
여름을 껴안고 있는데

당신이 사랑한 붉은 꽃잎은
여름도 채 가기 전에
함께 떠나는군요

신기루

있는데 없고
없는데 있네

먼지가 되었는데
여기 앉아 웃고 있고

여기 앉아 웃고 있는데
먼지가 되어 날아가네

하많은 시간이 지났는데
그 시간이 여태 남아 있고

그 미소가 가슴만 울리고 가네…….

사랑하는 아내에게

사랑은 끝없는 희망
서로의 마주 봄이 사라진다 해도
사랑은 끝없는 희망

사랑은 단 한 방울의 落水(낙수)
단 한 번의 눈빛으로
환희의 기쁨을 쏟는 목마름의 끝

사랑은 가없는 절망
가까이 갈수록 멀어지고
멀어질수록 더욱 가까워지는 아픔의 시작

사랑은 고요한 어둠
흩뿌려 놓은 그대– 사랑의 먼지가
나의 절망이었다가 그리고
희망이었다가

그리움의 빗줄기로
창문을 두드리다 문틈사이로
보고픔의 젖은 얼굴로 웃는 그대는 무지개

아득한 그 시간 멈추는 날

햇살 눈부심으로
가난한 나의 심장에 스미는 그대는

아~ 사랑하는 나의 아내…….

기다림

사는 게 힘들다 하지 마세요
살아있다는 것은 그냥 얻어지는 게 아닙니다

왜 행복하지 않느냐고 하지 마세요
사랑하지 않음이 행복하지 않는 거랍니다
죽음보다 더 깊은
기다림이 싫어도 내가 눈물 떨치지 못하는 것은
여태……. 그대를 사랑하고 있음입니다

지금 멈춘다고
가 버린 사랑이 찾아오리까마는
울림의 종소리처럼 다시 올까 기다리지는 마세요

그대의 생애에서
이 고빗사위를 지나면 땀 젖은 옷 벗으라시며
어쩌면 님은 에움길로 오시느라
조금 늦어지시는 것인지도 모르겠습니다

거기에 다다르면
지름길 달려온 이보다 더
그대의 기쁨은 크시겠지요

추억 (2)

둘이서 걷던 양수리 서돌길을
오늘도 둘이 걷습니다
엷은 구름에 갇혀 허덕이듯 비치는 그림자는
어쩌면 그렇게도 당신을 닮았습니까

앞서가던 그림자가 뒤로 숨기에
차라리 내가 뒷걸음으로 그대를 안으려 하지만
돌멩이 사이로 당신의
깊은 신음 소리가 들립니다

바람도 갈 곳 잃어 허공으로 사라지고
당신이 떠나며 내뿜던 더운 입김이
자갈 사이로 송곳처럼 달려와 가슴을 헤집습니다

당신을 안으면 당신은
검은 꽃잎 되어 손등으로 앉습니다

당신을 잊으려 하면 당신은
선연한 무지개로 강줄기를 오릅니다
꿈꾸고 싶지 않지만 날마다 보이고
느끼고 싶지 않지만 시공 없이
바람 되어 날아옵니다

바람이 불면

바람이 불어오면
바람에 밀려 그 길을 걷습니다

아직은 여름과 다투느라
힘을 다해 매달리는 나뭇잎은
어쩌면 그미가 떠나던 날
터지는 가슴을 오그리던 내 모습입니다

바람이 불어오면
바람에 밀려 양수리로 갑니다

얼마 전만 해도 이 시간엔
사방이 푸른빛으로 발돋움하던 강물이
갈대의 그림자로 하여
어둠의 서늘한 음기를 품고 있습니다

바람을 좋아하지도 않았으면서
바람 따라 가 버린 그미는
무협지존의 칼바람 되어
내 눈을 베이며 찾아옵니다

망각 (2)

아내는 죽었어…….
죽어서 양수리 강물에 흩어놨어
하늘이 무너져도 함께 살다 죽자던
그 사랑이 먼저 죽었어

내 생명 다하여 사랑했는데
내 모든 것을 다 주어 사랑했는데
너무나 쉬운 이별에 작별의 키스도 하지 못한 채
그렇게 아내는 죽었어

천 년을 헤아려도 채울 수 없는
나의 사랑을
아내는 고작 스물여섯을 세고는
죽어 버렸어

하늬바람 불기 시작하면
금이 간 가슴 틈새로 스며드는
몸서리–

문풍지 에워싸 줄 아내는
죽었다는 걸
이제 알았네…

그 반쪽으로

그미가 날아간 후
부모님은 날마다 전화입니다

–아침밥은 먹었누?
–예, 어머니
–차 조심혀~ 술 많이 먹지 말고~
–예, 아버지

낼 모래 환갑이 눈앞인데
아들놈 끼니 걱정입니다

–걱정마세요. 부모님보다 먼저 가는
불효는 없을 거예요.
–이눔아~ 네 반쪽은 이미 불효인겨~

팔순의 부모님은
아직도 서툰 아들놈의 인생이 걱정입니다

–자식은 죽으면 가슴에 묻지만
사랑하는 사람은 야위어 같이 죽게 되는겨~

그미가 떠난 지 언제인데

나는 아직도 날리는 먼지만 그리고 있습니다

이번 찾아뵈는 날엔
어머님 좋아하시는 홍시도 사고
아버님 좋아하시는 -전선야곡-도 불러드려야겠습니다

반쪽일망정 웃음을 갖다 드려야겠습니다

잃어버린 샷대

찬 서리 내려와
꽃잎 떨군다고 꽃이 아닌가요?
강쇠바람 불어와
가지를 꺾는다고 나무가 아닌가요?

그대 사랑의 손길만 닿으면
가늘게 흔들리는 내 다리에도
당신의 피가 흐르고

그대 따뜻한 입김 속삭임으로
적막 같던 내 귀도
부드러운 당신의 음성이 들립니다

어두운 세상에 가슴 옥죄는 심장
팔다리 따로 두고
소리 없는 새소리 듣네요

외로운 잎새 하나 품은 그대
조가배 몸 실은 나와 함께이면
세상은 사랑으로 노래할 텐데

보고 싶다

점 하나…
물방울이 落水(낙수)를 기다리듯
널 보고 싶다

파도가 섬을 싸안고 춤을 추듯
널 품고 싶다

네가 있는 하늘이 보고 싶다
네가 꾸는 꿈이 보고 싶다

단풍잎 하나 떨어져
심장을 베며 사라진다.

가을 사랑

가을엔
그미의 노오란 빛 일기장을 보며
그리움을 사랑하고 싶습니다

가위 바위 보!
그미가 이기면 내 니트 셔츠에
은행잎을 꽂아 주고

가위 바위 보!
내가 이기면 그미의 머리에
단풍잎 꽂아 주고

그미는 어느새
요정 나라의 단풍잎 왕비가 되고
나는 왕비의 호세 장군이 됩니다

밀감 빛 입술 사이로
하늘처럼 맑은 웃음소리
씨이힌 향기의 진주 빛깔의 치아

바람이 갑자기 불어와
실올 떠나는 은행잎을 보며

눈물짓던 그미의 갈바람 닮은 눈동자

그리움을 사랑하고 싶어
일기장 갈피에
빨간 단풍잎 살피를 꽂습니다

사랑 (5)

우리가 사랑하던 그 시간은
거리엔 모두 연인들이었습니다

창가 스치는 바람 소리도
우리를 위해 부르는 세레나데였지요

우리가 사랑하던 그 시간의 아침은
설잠 깨우는 새소리도
사랑의 환희를 위한 노래였습니다

그대가 날아오른 후
그 맑던 하늘의 색깔도 잊을 무렵

나이팅게일의 울음으로
가슴에 금이 가고

잿빛 거리를 방황하는 수많은 이별의 연인들은
떨어지는 낙엽 소리에도
몸서리치고…….

사랑은 그렇게
세상을 농락하며 저물어 갑니다

상사병

아침이면
자욱한 안개 속에서
행여 잊을까 싶어 웃고 있네

가슴에 남겨진 그리움을
행여 씻어 볼까 바다로 갔지만
어쩌면 잊을까 싶어 바람이 되어 부르네

밤하늘 별보다 많은 사연을
어쩌면 지워 볼까 산으로 갔지만
차마 잊을까 싶어 메아리 되어 돌아오네

어서 가라고, 나도 간다고…
차마 떨치지 못하는 그리움 안고 양수리 갔지만
가슴에 금이 간 물새만 울고 있네

동경 (1)

오늘은 사랑하는 이여
그대를 만날 것 같은 괴로움으로

늘상 둘이서 웃으며 걸었던
과천 청사 그 길을 걸었습니다

은행잎은 계절 따라 지고 없지만
버짐나무 잎은 아직도

겨울답지 않은 온기 때문에
몸서리치며 떨어지지 못하고 있습니다

내가 그대의 온기로 하여
아픈 인연의 끈을 놓지 못하듯

겨울의 한가운데서 버짐나무는
여름의 열기로 멍울 빛 상처를 들고 섰습니다

아직도…….

동경 (2)

"오누이 같지요?"
"아뇨~연인 같은데요."

처음 만나 사진을 찍을 때
사진사 아저씨 말에 그미는 목젖 보이며 웃었지요

"봐요, 제가 더 크죠?"
"아냐, 내가 더 커!"
"이그~ 색시가 더 크구먼~"

가로수 나무에 키 재기를 하는 우리를
지나는 이들 모두 글뜨는 눈으로 보았지요

사진사 아저씨는 지금도 사진을 찍고
키 재던 가로수 나무도 거기 있는데

내 사랑 〈그미〉는 이제
계절마다 바뀌며 바람 되어 흔듭니다

내 구멍 난 영혼의 창을…….

*글뜨다: 부러워서 동경하는 마음이 들끓다

성탄, 그날에도 있었는데

그때도 눈은 오지 않았습니다
그미의 하얀 얼굴이 그냥
너무 이뻐서 그런 줄만 알았지요

붉은 입술이
고동색으로 변한 것은 추위 때문일 것이라고…….
내 가슴에 안기었어도
그미는 잡혀온 참새마냥 떨고 있었습니다

길 떠나야 할 준비인 줄도 모르고
우린 그냥 끝없는 눈 맞춤으로 행복했는데
聖夜(성야)의 종소리에
마주 보며 노래를 부르며 행복을 기원했지요

눈이 내리면 더 축복이겠다며
그미는 하얀 얼굴로 웃었습니다
그미의 얼굴보다 더 하얀 시간이 흘렀어도
가슴엔 아직도 우리가 불렀던 노래가 머물러 있습니다

그, 아름다운 성탄이 오늘 왔네요…….

〈사랑〉은 어디에나

매운바람 피하려고
군밤을 사 까먹고 있습니다
사랑의 추억입니다

어지러이 날리는 휴지를 좇아
청소부 아저씨가 달려갑니다
사랑의 거리입니다

손이 시려 주머니에 손을 넣으니
먹다 남은 땅콩 몇 알이 만져집니다
사랑의 맛입니다

불현듯 하늘을 보니
말갛게 개인 하늘에 구름 한 조각 흐르고 있습니다
사랑의 그리움입니다

버스 유리창에 입김 불고
〈사랑해〉라고 써 봅니다
사랑의 애닯입니다

생일 (2)

양수리 강물이 흐릅니다

당신이 있을 땐
두 줄기가 하나 되어 한강으로 흘렀는데
오늘은 한 줄기 강물이
핏빛 멍울 튀며 두 줄기로 갈라져
끝 모를 곳으로 달려갑니다

당신을 보려고 강물 위를 쳐다보지만
못난 내 얼굴만 물결 타고 둥실댑니다

그대가 좋아하는 생크림 과일 케이크를
물 위로 띄웁니다
당신이 흩어질 때처럼 그곳으로
케이크는 춤을 추듯 넘실거립니다

나는 이쪽 강줄기에 있는데
당신은 닿을 수 없는 저쪽 강줄기로
하얗게 웃으며 떠갑니다

어제는 그토록 칼바람이 불더니
그대 생일날 오늘은

당신의 가슴처럼 따뜻합니다

당신을 실려 보낸 물결이 나직이 속삭입니다
-언젠가 우린 바다에서 만날 거예요-

기억한 날

아직도
그대의 따뜻함이 남아 있습니다

그대 떠난 자리에서
그대의 이름을 부릅니다

하늘엔 당신의 얼굴이 비추이고
강물엔 당신의 음성이 들립니다

날짜로는 삼 년인데
사흘도 지나지 않은 것 같습니다

눈보라가 매섭게 천지를 때렸어도
그날은 가슴이 먼저 얼었습니다

이 강을 이제는 고만 찾으려 했는데
고만 찾으려는 생각은 고만하라고

당신을 싣고 갔던 칼바람은
오늘 봄기운 안고 다시 유혹합니다

당신이 날아간 하늘이
오늘……. 눈이 시리게 파랗습니다

여보……. 오늘이 그날이네요

봄비

비가 오시면,
봄에 비가 내리면
마음은 어느새 봇물로 울렁거린다

가슴에 조그만 고랑을 내고
님을 닮은 조약돌을 발목까지만 쌓아 두면

그미가 두 손으로 떠 주던
그미 웃음 닮은 맑은 물이 되리라

어쩌다 논두렁에서 개구쟁이들이
질퍽이며 장난스레 흙탕물이 흘러도

그미 닮은 조약돌 보(堡)가
그미 눈물만큼이나 반짝이는 물로 만들겠지

봄에 비가 내리면
내 가슴엔 기도하는 꽃이 꽂힌다

가냘픈 아픔일지라도
부끄러운 마음으로 살라고

비(備)

……. 부끄럼이 없기를

한낮의 밝음도
어둠이 있어 빛나고

한 송이의 꽃도
시듦의 아픔이 있기에 아름다운 것을

정결한 정한수 한 그릇도
더러움이 흩어져 있어 신성하고

밤하늘 별들의 반짝임도
가슴 에이는 슬픔의 보석 때문임인 것을

우리 사람들만이
한 점 부끄럼 없기를 바라는 사치를 누리네

나……. 黑(흑)이 되어
그대를 환희로 이끌게 된다면

그대 가슴에 묻힌 흙이 되리라…….

당신은 하늘

그대의 눈을 보면
바닷바람이 불었습니다

머나먼 여행에서 돌아와
이제 막 배에서 내린 마도로스의 냄새가 났습니다

에메랄드의 눈동자를 동그랗게 뜨고
진주 빛깔의 치아를 보이며
나의 목을 감싸 안고 웃는 당신은 바다였습니다

그대의 가슴을 안으면
싸아한 칸나 향기가 났습니다

맑은 바람을 신고
하루를 살아도 밝은 태양을 닮고 싶다던 당신은

내 가슴 속의 언어를 모두 쏟아 내어
당신의 가슴에 뿌린다 해도 십분의 일도 채워지지 않는
당신은 하늘입니다

그래도 나는 땅이고 싶습니다
당신을 늘 우러르며

당신에게서 떨어지는 그 무엇인들
하나도 놓치지 않는

나는 당신의 땅이고 싶습니다
오직 하나의 사랑인 당신의 땅…….

길, 그리고

여름이 가고 가을이 왔습니다.
이제 님의 깨끗한 얼굴 닮은 겨울도 가까이 있습니다

사랑을 할 때엔 나의 마음은
언제나 봄날인 듯싶더니

양수리 물처럼 머물지 못할 사랑으로
물 위에 낙엽 하나 올려놓고
돌아보지도 않고 사랑은 떠났습니다

다시 오시리란 약속만이라도 한다면
희미하나마 눈물대신 미소를 간직하고 있으련만

그저 봄바람 같은 웃음만 남기고
흔적도 없이 가셨습니다

가을은 깊어 강물 속으로 가라앉는데
기약 없는 님의 그리운 얼굴은
서릿바람 되어 가슴 깊은 곳에 스미어듭니다

가을엔 있었던 님

사랑이 머물고 있을 때엔
가을도 함께 내 곁에 머물러

서늘한 갈바람이 얼굴을 스쳐도
우린 참으로 행복했습니다

갈색의 플라타너스 잎이 아무리 쌓여도
봄날을 위한 준비라며 마주보며 웃었지요

노오란 은행잎이 흩날리는 과천 청사 길을 걸으며
사랑은 아마 노랑빛일 거라며
가슴 가득 채워진 말들은 두고두고 하자고 했습니다

작은 시간이 흘러
헤어지는 것은 언젠가는 만난다며
가을을 보내며 가을을 안고 갔습니다

사랑이 머물고 있을 때엔
가을도 함께 내 곁에 머물렀지만

마음 깊은 곳에 서서 기다리던 그미는
오늘… 서늘한 바람 되어 가슴 속으로 파고듭니다

행복은 사랑이라네

행행복을 붙잡으려고
멀쩡한 허우대를 용트림시키느라
몸져누우기도 했지요

그래도 삶은 훗날을 위한 거라며
함께 참고 살자고 위로하는 재미로 살았습니다.
모래알같이 수많은 시간이 스치고
시간처럼 셀 수 없는 바람이 불었습니다

언제나 기다려줄 것 같던 행복은
바람이 모래 언덕을 옮기듯
우리들의 울 밖으로 옮겨버렸습니다

서울 간 서방님 기다리는 아낙네처럼
동구 밖에서 목 빼고 기다리지만
벌써 아득한 시간에 모래성이 된 지 오래입니다

아직도 기다리는 마음이 서성이는 동구 밖에서
바람은 윙윙거리며 지나갑니다.
기다리는 것은 사랑이지만
앞에 쌓일 모래는 예전의 행복이 아니라고…….

그림자 (2)

첫눈이 내립니다
함박눈 사이로 그대를 찾습니다

눈이 오길래
그대 오시나 기다렸는데
북풍의 서러움만 지나갑니다

언제나 웃는 모습이던 그대가
오늘은 함박눈에 가려서 보이질 않습니다

길게 늘린 강변의 하얀 길을
그대 이름을 부르며 걸었지만

가슴에 고이는 얼음 조각 그림자 위를
칼바람만 파고듭니다

나그네

어제는 바람이 노래를 부르길래
시끄럽다고 문도 열어주지 않았습니다
밤길도 무서운데
자꾸 나오라지 뭡니까

아침인가요
살얼음 깨고 얼굴을 적시니
작은 새가 떠날 때가 되었다고 휘파람을 부네요
지금 나선들 누가 내게
아침을 차려주기나 합니까?
그냥 한시나마 정든 곳을 머뭇거립니다

어제 불던 바람도 쉬고
작은 새도 낮잠에 취할 무렵
에헤라~ 들고 나도
얻고 버릴 게 없으니 이제금 떠나 볼까?

이승에서 해로하지 못했으니
저승에서 기대해도 헛불이거니
그리움도 죽도록 사랑했노라고
검은 머리인 채 떠난 님의 사랑을 길에나 뿌리러 가야지…….

설 그 앞

거리엔 차며 사람들이 가득한데
그대가 없는 거리는 너무도 한가롭습니다

기온은 봄인 듯 따뜻하다고 하지만
그대가 보이지 않는 날은 너무 춥습니다

시장은 설빔으로 들썩이는데
나는 그대와 입맞춤했던 생각에 설레입니다

비어 있던 가슴 속 도시의 거리로
그대가 달려옵니다

마주 불던 바람이 돌아가고
함성 지르던 사람들도 멈췄습니다

지금… 내 앞에 그대가 섰습니다
마음 깊은 곳에서 따뜻한 강물이 흐릅니다

아~ 그대여!
내가 이토록 당신은 사랑하는 구료…….

2. 빛이 내게 온다면-

-나를 사랑하는 사람들을 위하여-

빛이 내게 온다면

가까이 올 동안 아무 말 않고
눈을 감고 기다리고 서 있을 꺼야

부끄러워 고개 숙인 채
발갛게 닳아 오른 얼굴로 미소만 띄우고 섰을 꺼야

작은 침묵이 흐르고
아무 일도 일어나지 않으면

가는 눈을 살짝 뜨다가
아름답고 황홀한 빛 때문에 도로 눈을 감아 버릴 꺼야

우주를 한 바퀴 도는 시간 동안
처음의 빛이 아닌 것을 알지라도

가슴 뛰는 황홀함에
난– 눈물 흘리며 고마워할 꺼야

아마– 그럴 꺼야

2007.02.01.

희망

눈물이 바람 안은 겨울나무 가지 위로
고드름처럼 물구나무서서 기다립니다

다시 태어나려면
봄의 꿈에서 머물다

소나기 사나운 들판을 걸어
삭풍에 흩어지는 낙엽을 마음에 쌓아야 합니다

그리운 사람 사랑하는 마음 붙들고
하얀 눈을 안고 찬바람으로 튼튼히 버티고 싶습니다

이 겨울이 지나서 꽃바람 불면
작은 씨앗을 키우겠지요

아- 그러나 눈물이여,
이날의 눈물이 연무가 되어 사라지리라는 것을
어리석은 고드름은 알지 못합니다

사랑이 희망이었고
희망이 죽음임을 계절이 지나고서야 알 것입니다

2007.01.11.

들꽃

하얀 마음이 바람처럼 날다
질퍽이는 가슴 한켠에 머물렀습니다

어디서 불어 왔는지
난 이름도 들어보지 못했지만
마음 깊은 곳
소리 없이 흐르는 나의 강섶 평화를
작은 물결로 흔들고 있습니다

세상의 아름다움은 내 것이 아니라며
영상으로 솟는 하얀 그리움을
꽃잎 하나 강물 위로 띄우고는
연꽃의 진리로 노래합니다

작은 노래 부르며 살고 싶어서
내게는 아직 꽃말도 가르쳐주지 않았습니다

향기로운 시간이 지난 후
연꽃보다 더 고운 꽃이라고 말해줘야겠어요

그니가 부르는 하얀 노래가 멎는 날
내 마음의 평화도 주겠노라고 고백할랍니다 2011.05.23.

친구의 봄

바람이 귓바퀴를 간지를 쯤엔
늘 찾아오던 친구
아직 일렀다 생각하는지 소식이 없습니다
지난 겨울 입구에서
안녕이란 말 대신에
–봄엔 볼 거예요.– 했었거든요

넝마처럼 해진 마음 기워준다고
문자 끝마다 "생끗"
웃음을 보냈더라구요
가슴 한켠엔 지금도
친구의 가슴에서 흘러온 강물이
고즈넉이 자리하고 있는데
차마 나의 슬픔에 가슴 아렸는지
보고프단 말도 못한 채
노오란 산수유꽃만 먼저 보냈습니다

나를 보며 아파하던 시간도 어련히 가고
행여……. 기나리는 분자 소식일망정 붙잡고 있는데
사랑하는 친구는 봄이 아직 오지 않았나 봅니다

2006.03.06.

성 삼일에 서서

무척이나 힘들었던 시간이 흐르고
아직도 여진(餘塵)이 남아 가슴을 흔듭니다

그날도 지금도
주님은 미련한 세상을 위하여
살과 피로 우리를 먹여 살리시고

어둠에 쌓인 시간에 태양을 잃고
다섯 상처 잊고 사는 인간이 무엇이길래
다시 이렇게 찾아오십니까

핏물이 흐르고
쾌락의 마법 안개가 세상을 덮어도
–아버지, 저들이 하는 것이 죄인 줄을 모르고 있나이다–

늘 그렇듯이
마음만 그곳에 있으면 된다고
오늘도 마음만 품고 있습니다. 하느님–

몸은 언제나 진흙 속을 헤매이고…….

2005.03.25.

친구

하늘엔 그대의 마음을 닮은
에메랄드빛 정열이 머물고
꽃향기 꽃바람이
그대와 나의 가슴 사이를 스치네
영원을 말하지는 않았지만
서로 낯설지는 말자고 다짐했었지

한쪽을 잃었어도
한편이 되자며 크게 웃던 친구야
오늘은 그대의 맑은 얼굴을 보며
나를 사랑하노라는 시 한편 듣고 싶다

어느 긴 시간이 흐른 뒤
삶의 무거움에 겨워
이름 모를 설움 때문에
담벼락 모퉁이에서 망설일 적에

친구야
그때에도 난 너의 친구 넌 나의 친구
그래 그래 우린 친구야.

2005.07.23.

딸의 결혼

세상에 불쑥!
얼굴부터 보일 때는 그저
아빠가 몹시도 궁금했구나 했다

단 한 번 병원 문턱 모르고
씩씩하게도 자라더니

어느 사이 글라디올러스처럼
굳굳한 아름다움으로 섰구나

그미가 떠나는 아픔에서도
속으로만 울었던 네가

아빠의 척박한 땅에서
절로 절로 곱게도 피었네

이쁜 꽃씨 품으려고
민들레 홀씨 되어 날아가는 네 모습에

기쁨의 눈물이
거북이등처럼 갈라진 아빠의 심장에 스미누나

2005.07.29.

클레멘타인

가을바람이 여름 자락을 스치면
에메랄드빛 강물이 그미를 데려옵니다

일렁이는 물결 위에 앉아서
반짝이는 눈물로 나를 바라보며 웃네요

–마리아는 정말 좋겠어요
–당신을 닮아 세상을 사랑하며 살 거야

죽기까지 함께하자던 그미도 가고
언제까지나 아빠를 안고 있겠다던 딸년도 떠나면

가슴 빈 곳에 다시 찾아올 하늬바람 모습에
나의 강물은 이미 얼고 있습니다

축복의 노래를 부르는 딸년의 환희에
그래도 간절한 소망 하나는

–작은 이들을 사랑하거라
–잊힌 사람을 사랑하거라

식어가는 강물 따라

그미의 노래를 부릅니다

나의 사랑 나의 사랑
절로 부르다 죽을 내 사랑이여

갈대는 아직 익지 않았는데
북풍은 벌써 준비하고 있습니다

2005.08.26

빛과 그림자

긴~ 터널을 지나면
작은 빛에도 눈이 부십니다

우리의 삶이
어두운 곳에서 멈춘 것처럼 보이지만

나를 그리워하고
내가 사랑하는 사람이 있는 한

어둠은 바늘 끝처럼 가느른 줄기로도
조각나고 맙니다

엄동의 모진 겨울도 언제면 끝나려나 기다렸지만
봄이 다가오자 쫓기듯 달아납니다.

아름다운 이 봄엔
아름다운 이들을 생각하면서 사랑해야겠습니다

소금 있으면
안개도 끼이고 비도 내리고 바람도 불겠지요

그래도 살 에이던 북풍은 아니라서

살 만한 세상에서 산다는 것을 감사하며 사는 법을 배웁니다

늘상–
쾌청한 하늘이라면 그게 어디 반갑기나 하겠습니까…
사랑하는 님…

2006.03.07.

봄이면 떠나는 것들

봄이 되면
아름다운 것들이 오는 줄 알았습니다

겨울 내내 기다리며 불렀던
봄의 교향악이 그치는 계절
물레방아 돌 만하면 다시 온다던 님은
가뭄이 들었다고 가을을 기다립니다

처음 얼마 동안은
그리움이 너무 서럽다고 그렇게도 열필(悅筆)하시더니
얼마나 되었다고 그새
잊은 듯 생각난 듯 머뭇거리며 말씀하십니다

이 여린 나의 마음은 지금도
처음 님을 뵌 그 날 만큼 애달픈 그리움을 품고 있건만
봄이면 오실까 여태 기다리다
창문에 비친 그림자에 놀라 목 늘려 열어보면

님 기다리다 지쳐 떨어지는 꽃잎…….
멍든 내 가슴 같은 목련이 우는 소리입니다

연꽃

비바람 불던 어제는
마음까지 적시더니
오늘은 반짝이는 햇살이 눈부십니다

미소가 생각나는 사람
꽃잎 지면
꽃 속에 숨은 요정 볼라나 했더니
푸른 잎에 가려 보이지 않습니다

흙바람 속을
휘이휘이 헤집어 하늘을 열고
지금 이 순간
맑은 그리움으로 피어납니다

2007.05.12.

아름다운 친구

처음 그녀를 보았을 때는
몸서리 쳤습니다
입은 귀밑까지 당겨져 있고
두 손은 조막손처럼 오그라져 있었습니다

두 다리도 서로 마주 보면 휘어져
화장실도 앉은 채 엉덩이로 끌고 갑니다

〈하루 찻집〉을 한다고 만나던 날
그녀는 오그라진 손을 내게 내밀며 무엇을 줍니다

십만 원…….
—흐흐흐 몇 달 모은 거예요 흐흐흐…….

비 오면 비 온다고
바람 불면 바람 분다고
건강 조심하라고 문자를 받습니다

동사무소에서 나오는 돈으로 생활하지만
나보다 더 행복해합니다
—흐흐흐 왜냐면요, 흐흐흐
구름님이 있고 부족한 게 없어요 흐흐흐…….

아-,
나는 지금 사랑받고 있군요
난 사랑을 준 일이 없는데 그녀는 나에게 사랑을 주고 있습니다

그녀의 빛나는 눈을 보면 알 수 있습니다
그리고
내 가슴에 빈틈없이 가득한
뜨거움을 느끼니 알 수 있습니다.
나도 이 아름다운 친구를 사랑하고 있다는 것을!

-미정아
나에게 너보다 더 아름다운 여자는 없어서
나……. 널 사랑한다. 아주 많이…….

2005.10.25.

친구… 그렇지요?

함께 걷고 있다는 것
함께 숨을 쉬고 있다는 것

그리고 함께 마주 보고
서로 눈을 바라보고 있다는 것…….

오는 소리를 들으면 기쁘고
노래를 부르면 생각나는 것

바람이 불면 그의 향기가 맡아지고
비가 오면 그가 있는 곳으로 가고 싶은 것…….

애인보다 먼저 보고 싶고
서러울 땐 가슴 때려 주며 울고 싶은…….

그렇지요?……. 우린 친구지요?

친구 (1)

난 님을 모르지만
님의 마음을 알고 있습니다

노랗게 …….한 이파리의 티도 없이 물든
아름드리 은행나무임을—

아직 한 번도 뵈온 일은 없지만
난 님의 얼굴을 알고 있습니다

오늘처럼 시리도록 맑은
가을 하늘 같음을—

불러 본 적 없는 님의 이름이지만
님의 이름을 알고 있습니다

흩날리는 낙엽조차도 안타까워
가슴으로 부를 노래임을—

내가…….
세월에 지쳐 강물만 바라볼 때
어머니 같은 뽀얀 웃음을 보내셨습니다

아리한 사랑에 눈물 고일 때
소리 없는 한 줄기 갈바람을 보내온 님-

당신을 아는 것은 아무것도 없지만
모르는 것 또한 없기에

먼- 여로에 지친 몸으로
당신 가슴에 머물려 합니다
친구여…….

친구 (2)

우연에서 필연으로
우리의 기쁨은 시작 되었나 보다

나의 시려움이 그대 가슴 속으로 스며들고
그대의 웃음이
내 마음 골짜기에 강물 되어 흐르면

보고픔이 차올라 우정이 쌓이고
연륜의 끈이 연정의 날개 되어
플라타너스 잎새 위로 머물러라

아름다운 시간을 입맞춤하며
훗날……. 미소 지어 말하리

–친구여.
그대 있음에 내가 있네

친구 (3)

싸늘한 바람이 눈물 씻던 날 그대는
낙엽처럼
내 가슴에 날아왔지요

떨어져 나간 나의 날개를 주워 들고
-내 날개도
상처가 심하오

내 날개가 더 큰 줄 알았는데
그대의 잃은 날개가 더
아름다웠음을

내 열정이 뜨거운 줄 알았는데
그대의 사랑이 더
따뜻했음을

덕숭산 지붕 위에서 그대를 불러보네
친구야…….
우리의 가슴에도
능금 빛 단풍이 물드나 부다

이제는 다가와 가슴에 스민 사람

슬픔을 안고서도
단풍잎처럼 붉은 마음을 전하는 그대는

어제처럼 웃어주지는 않을까
오늘은 나를 잊지나 않을까

맘 졸이며 기다려지는 나는
이 시간 머물고 간 설움 때문에
사뭇 그대의 표정만 살핍니다

그대가 보내온 미소를 몇 번이나
보고 또 보면서
가슴 속 깊은 곳에 묻고 또 묻으며

내 그리움도 기억하고 있을까
내 뜨거운 열정도 간직하고 있을까
그래서 우리 만나는 시간을
동그라미해서 기다리고 있을까…….

어쩌면…….
아픔 때문에 잊으려 하늘만 보고 있을지 몰라…….

딸들에게의 편지

아빠가 너희를 부를 때
그 목소린 스며들어 소리 나지 않는다
논바닥처럼 거북등이 사이로
저미는 가슴 틈새로 내 부르는 소리는
스믈스믈 스며들어 끝간 데 없이 땅 끝으로 흩어지누나

'마리아! 루시아!'
아빠의 소리는 비켜가지만
그 소리 너무 깊은 곳에 흩날리누나
사랑하는 이별의 노래도 아직……. 끝나지도 않았는데
너희들은 벌써 아픔을 먼저 알게 되었구나

오늘도 갈라진 가슴에 아빠는
생명 물 같은 너희들의 이름을 붓는다

채우고 채우고 다시 채우면…….
붓고 붓고 다시 부우면…….
아빠의 거북등이 가슴이 메워질까?

이미… 산 너머 해는 기우는데…….

딸들

아이들을 보면 상처가 덧납니다

이제 시집갈 때가 되었는데도
녀석들을 쳐다보면
손발에서 망설이고 있던 힘들이 달아납니다

그미를 닮은 큰녀석은
웃는 모습도 빼다 박았습니다

다른 이들은
결코 닮지 않았다는데
나에겐 목소리조차도 닮았습니다

나에게 관심 주고 어루 쌓아 주는 사람이
있다고 해도 믿어주질 않습니다

차마… 아직은 보여 줄 용기가 없어
주머니에서 사진만 만지작거리다가
그냥 녀석에게 말했지요

–임마……!
이 잘생긴 아빨 세상 사람들이 놔두겠니? 걱정 꺼……!

내가 그대에게로 가는 것입니다

그대가 내게로 오는 것이 아닙니다
낸들 알겠습니까… 왜 이렇게 가슴 뛰도록
그대를 생각하는지를…….

하루의 일상이 그대로 인하여
기쁨도 되고 아픔도 되며
가끔씩 한숨도 쉬게 될 줄은 어디 낸들 압니까
내가 그대에게 가야 하는 게 사랑인 줄을…….

찬바람 속을 걸어도 그대를 생각하면
뜨거움이 먼저 가슴을 밀어 올립니다
편지를 읽고 다시 읽어도
당신의 마음속을 알 수 없어 그게 그냥 사랑인 줄 압니다

둘이서 나누는 말이 너무 달콤해 그대를 그리다 보면
어느새 눈물 속으로 숨어 버린
그대를 찾아 방황하고 맙니다

그대는 말하지요 – 저두요……. 님과 같은 맘이에요…….
질그릇 같은 나의 마음을 행여 아실까 봐 그대를
조바심 숨기며 기도합니다

–꿈꾸는 일이 아니기를……. 그대와 나의 만남이
그 시간 때문에 질그릇처럼 사라지는 아픔은 아니기를…….

선물

그대를 사랑한다는 것이
아픔일지도 모릅니다

어쩌면
또 다른 상처의 시작일지도 모릅니다

사랑이란 늘-
가슴앓이를 준비하는 준비운동 같은 거지요

그리움이 쌓인다는 것은
행복을 예감하는 기다림의 시작입니다

무엇이 그대를 이토록
그리워하게 하는지요

사랑할 수 있는 마음을
내게 선물한 그대를 사랑할 수 있음에 감사합니다

내 삶에 무엇을 넣을까

가장 즐거웠던 기억으로 돌아갈 수는 없을까
우리들의 삶이 힘들었던 시간을
사랑으로 기억되며
기쁨으로 충만했던 시절로 다시
되돌려 살아갈 수는 없는 걸까…….

만나면 반드시 헤어진다지만
보석 같은 사랑을 또다시 품고 사는 시간이
이제는 정말 만들 수는 없는 걸까…….

너무나도 아름다운 추억을 간직한다는 것은
다시금 아픔을 헤집어 내는 일인 데에도
나는 왜 그 아픔을 일구어 내는
그미를 여태 품고 있는지 모를 일입니다

어느 이름 없는 시간이 나를 끌어다가

바람 날리는 강변에서 울어 보라고
자꾸 부추겨 안개비까지 껴안고 비벼대는데
나는 어느새 하얀 모시적삼 같은 그미의 영상에 미소를 짓습니다

세월이 천 년을 끄떡없이 자랑하지만
내가 사랑하는 그미는
천 년의 사랑도 어제 같은 오늘에 나를 안고 웃습니다

희망

장마에도
해는 구름 위에 있습니다

일상의 힘듦이
나를 괴롭히고 있다한들
그게 어디 "희망"만 하오리까?

아직은 흐릿한 구름에 덮여
아래를 굽어보지 못하고
더 위로 솟을 힘도 없지만,

언젠가는
하늬바람에 쓸려
맑은 바람 마시며 해를 안고 살으리다

나의 맑은 햇살이여!

새해

사이로 떠올라오는 태양의 숨결이 들린다
어느 결에 우리의 가슴을 태우고
지나는 어둠을 살라
나그네의 가슴으로 소망의 빛이 되어
우릴 부르네

어서 떠나라 하네
어서 떠나라 하네
사랑의 불꽃을 놓치지 말라 하네
지는 것은 세월뿐
아직 우리의 새벽은 뜨겁다 하네

붉은 용트림으로 희망을 삼켜
그 잔재도 남지 않는 이슬의 후일담을 들려주고는
태양은 오늘 위용을 폭발하며
우리의 심장 속에 새날의 기억을 머물게 하네

인연

친구를 만난 날은
싸늘한 바람이 낙엽 떨치는
깊은 가을입니다

교회 지붕 위에서
보금자리 찾던 비둘기처럼
그렇게 친구는 내게로 왔습니다

아직……. 겨울은 아닌데
서로가 추운 가슴 속으로
웃으며 스며들었습니다

"사랑"이란 아름다운 말이
있었음에도 우린 서투른
"우정"이란 것으로 시작하였습니다

저쪽 끝 월미도 방파제에서 그녀는
내 눈을 보며
나는 그녀의 진주 빛 치아를 보며 웃었습니다

조그만 시간을 건넌 그 가장자리에서 비로소
우린 서로의 가슴을 읽을 수 없어

안타까운 설움만을 간직하게 되었답니다

다시 눈물 떨구지 않으려 애를 쓰는
그러한 공간이 기다릴 줄은
우리도 몰랐습니다

설움 가득한 이야기도 끝나지 않은 채
감자탕 속의 조각난 감자처럼
그녀는 설움의 눈물 조각 떨구곤 사라졌습니다

심장 깊숙이 가라앉은 그 조각은
영원히 사랑가시가 되어
내 슬픈 추억의 동맥경화로 남겠지요

봄도 얼마 남지 않은 오늘
우린 봄보다 겨울이 좋았나봅니다

안녕…… 내 사랑하는 친구 …….

꿈

꿈이었나
그대의 입맞춤이

조각난 상처를 가슴에 버려둔 채
돌아선 그대

시간 흐르면 그대의 미소가
덧씌운 상처로 남지 않을지

사랑이란 이름은 말하지 말걸
고운 얼굴은 기억하지 않을 걸

다시 그 시간 회귀한다면
날아오른 사랑보다 더 깊은 사랑을 말할 수 있을까

미칠 듯 보고 싶은 날에
거북선 나루에서 길잠자고 깨어보니

꿈이었나
사랑을 품었던 그 날들이…….

눈맞춤

봄이 오는 소리를 들으려고
창문 열고 봄바람 마중 하렸더니
철없는 하늬바람이 기다린 듯 안기네

어제는 사랑님이 울며 투정하기를
자주 보지 못할 사랑은 슬픔이라며
안기운 머리카락에 봄내음만 들썩이고

꽃샘보다 더 매운 꼬리눈 하고 돌아선 님은
뒤에 남긴 그림자에 입김만 얹어 놓고
눈맞춤이나 해 볼 껄……. 후회나 하라고 바람 따라 사라진다

춘설 (1)

사노라면 잊혀지는 게 많지만
사랑보다 잊히는 게 많을까

첫눈 맞으며 나누던 첫사랑은
잊힐 것 같지 않았는데

멍석 같은 춘설 맞으며
시방 기다리는 사랑이 더욱 보고파…….

춘설 (2)

겨우내 님은 주무시나 보다…….
입춘이 지나기에
뽀~얀님 뵙기는 글렀구나 했는데

경칩에 이르러
기다림을 아셨는지
함박웃음 지며 내려오시네

내 슬픔이 너무 컸었나……. 오시다
내 어깨를 만지시고는
눈물로 이별하시네

나를 사랑하는 그대

흩어진 그미의 영상을
못 잊어 가슴 저미는 나를
사랑하는 그대

심연 깊은 곳에서 솟는
그리움을 어이 지우랴며

눈물을 글썽이는 그대
늪 같은 꿈에서 헤매이다
눈뜨면 보이는 그대를

사랑하는 나

작은 천사

아주 작고 귀여운 천사가 비둘기같이 다정하지만
칸나처럼 붉은 정열을 가지고 어느 어두운 바람 불던 날
소리도 없이 내 가슴으로 날아왔습니다

내 아픔을 보고 울기도 하고
내 슬픈 상처를 보듬아 기도하면서
치료되지 않을 멍울은 없다며 차가운 내 심장을 덥혔습니다

작은 천사는 날개도 찢기우고 가슴살이 보이도록
온몸이 상처의 고통으로 깊이 패어
땀으로 흠뻑 젖어 있었습니다

우리는 서로의 상처에 눈물 떨구며
약을 바르고 붕대를 감고 호-호- 불어 주며
늘 이렇게 살곶이 살자고 눈을 보며 웃었지요

어느 날 저 깊은 어둠에서 음습한 바람이 불더니
작은 천사는 안녕이란 말도 없이
낫지도 않은 상처를 안고 날아가 버렸습니다

믿을 수 없는 시간이 그랬는지
내 상처보다 더 큰 아픔 때문인지

잊히지 않을 더운 입김만 남겨 두고 날아갔습니다

기다리는 다정한 친구들을 모두 다 잊으려는 듯이…….

다시 사랑한다면

내가 다시 사랑한다면
내가 다시 그미를 사랑한다면
나보다 먼저 하늘을 보게 하지 않으리

구름 흐르는 하늘 위로
무서움 떨며 날아오르게 하지 않으리

오늘 이 아름다운 이야기가
흙비 되어 내린다 하여도
그미의 영상만을 안고 살아가는 설움은 없으리

내가 다시 사랑을 한다면
온 세상 환희란 환희는 모두 가져다가
그미가 몰록의 화신임을 알게 하리

나의 신앙도 나의 기쁨도
그리고 세상의 모든 위대한 이들도
그미에게 노블레스 오블리주(noblesse Oblige)!

내가 다시 사랑한다면…

*몰록: 셈족이 섬기던 신. 숭배자들은 몰록에게 어린이를 제물로 바쳤다고 함. 한때 이스라엘에서도 몰록 신앙이 유행하였음.

삶의 친구

우리의 삶이 힘들고
새벽잠이 깊어
뛰어 가지 않으려 하지만
시간은 나이보다 앞서 갑니다

어느 날 함께 보듬던 사랑도
훌쩍 먼저 가노라며
붙잡을 새도 없이
빈자리에 찬바람만 묶어 두고 가고

세월은 여운 없이
앞서 간 님을 잊으라며
다가온 사람들만 웃노라 울어라
우리를 바쁘게 재촉합니다

지체장애만 장애인 줄 알았더니
빈자리 빈 마음
가슴 뚫린 님의 자리 한 덩이도
지독한 중증 장애인 줄은 이제사 알았네

한 모금의 시 한 줄
위로 한 송이로

서로의 아픔을 품고 살고 있는
장애 입은 고운님들과 함께 가고 싶네

내가 너를 사랑하듯이

내 생애 어딘들
당신이 간여하지 않은 때가 있습니까만
지극한 고통으로 내 가슴에 핏빛 강이 흐르던 날
당신은 어머니를 보내주셨습니다

–당신의 아들입니다
–너의 어머니시다
내 심장 반쪽이 떨어질 때
어머니는 칠고(七苦)의 사랑을 깨워 주십니다

–들꽃도 저렇듯 사랑하는데
–나의 아들, 너를 더 사랑하지 않으랴
허물어진 나의 심장을 치유하시려
조각난 아픔의 파편 뒤에 팔 벌려 서서
언제까지 가슴 내려앉은 사랑의 고통을
그저 사랑의 힘으로 잊으라 하십니까

내가 너를 사랑한 것처럼
너도 그렇게 사랑하라…….라구요?

사순시기 성삼일에

여름의 벼루에 서서

출렁이는 물결 끝에서
그대의 이름을 듣습니다

삐죽이 솟아오른 촛대 바위 자락을
쉼 없이 부딪치고 부서져 거품 되어 사라지지만
바다는 하맘한 그대의 가슴을 닮았습니다

흔들리는 잎새 그늘 아래서
귀 잠들어 사랑을 만나기도 했지만

세월이 마디다고 중얼거린 게 엊그제인데
반쯤 물든 나뭇잎 하나가
그대의 영상은 곡두라며
소금기 없는 무거운 힘으로 나를 깨웁니다

그래도 가난한 나는 여름이 낙인데
그대 없는 빈 몸으로 서늘한 갈바람을
어이 견딜꼬…

*마디다: 쉽게 닳거나 없어지지 아니하다. 자라는
속도가 더디다.

사랑하는 님

이 가을엔 편지를 쓰세요
내게 사랑한다는 그 말을 하지는 못했잖아요

보고 싶단 말도 못 했잖아요
이 가을엔 노오란 잎사귀 하나 보내세요

님이 보내신 편지 갈피에
이쁜 색깔의 은행잎 살피를 꽂아 놓고

님의 말씀인가 하고
님의 사랑인 줄을 알고 있겠습니다

사랑 (4)

겨울이 오면
사랑하지 않으려도 사랑하게 됩니다

그리움에 떨어지는 낙엽처럼 날리다
홀로 떠나는 님이 눈물 보이는

겨울이 오면
슬퍼하지 않으려도 슬퍼지게 됩니다

그미의 영혼 속에 머물던 하얀 세상을 묻고
질편한 염화칼슘 때가 낀
내 영혼도 비로소 아픔을 보게 됩니다

보고픔이 눈처럼 쌓이면
그미가 마지막으로 사랑한 죽음을
나도… 사모할지도 모릅니다

가슴 뛰는 기다림으로 눈물 떨구며
그미를 찾아 떠나셨시요

겨울이 깊어지면…

새해의 아픔

첫날이 이미 지났는데
딸년들은 전화 한번 없고

친구가 된 지 일 년 된 담배놈만
입술에 붙어 떨어지질 않는다

목 늘려 기다리던 눈꽃은 잊으라는 듯
말갛게 닦아 놓은 유리 같은 하늘만 보여 주고

가늘게 실눈하고 허공을 보니
〈그미〉는 연기 고리 속에서도 어쩌면
저리도 선연히 다가올 수 있을까…

–에라! 올해는 잊는 연습부터 할까 부다–
벌떡 일어나 뒷산을 오르다
문득… 〈그미〉가 웃는 것을 보았다

소망 그리고 희망

어느 님이 나에게 말했습니다
−새해 소망 이루워지세요−

−네… ….님 같은 분과
올해도 함께 지낼 수 있기를 소망합니다−

친구가 물었습니다
−새해 희망이 뭐니?−

−음……. 자네 같은 친구 옆에서
아주 조용히 죽음과 함께 갈 수 있기를…….−

올해도 지난해와 같이
그렇게 힘들게 살다가도

불편한 삶을 사는 좋은 님과
술 한 잔 벗해주는 친구가
늘 생각나는 그런 해였음 좋겠습니다

새해

기다리지 않아도 또다시
새해는 찾아왔습니다

다른 연륜의 나이테에 감기어
올해는 제발 그미의 망각을 주소서

시간이 흐르면 그 강물에
아픔도 씻겨 주소서

뒤쳐진 기억일랑
말갛게 떠오르는 해가 살으고

고운님 좋은 친구
그들만 남겨지게 하소서

곁에 있는 불편한 님들과
가슴 맞닿는 일만 하다가

흔직 없는 죽음의 친구와
조용히 동행하게 하소서…….

삶의 물결

오늘은 목이 아플 만큼 울었습니다
왜냐고 묻지 마십시오

딱히… 누구를
그리워해서 울었던 것은 아니니까요

참 좋으신 님이
-쉽게 살자구요!- 하신 것도
큰 위로가 될 만큼 별 것 아니었으니까요

삶의 틈새에서
아픔의 물살이 희망보다 더 거세어서

그리움보다 더 깊은 단절의 벽이 다가와
가슴 휘젓는 눈물이 납니다

잊는 것보다 더 힘든 것이
잊을 수 없는 것임을 알지만

먹물 같은 시간 속에서도
귓가에 쟁쟁거리는 그미의 웃음소리가 들리는데
난들 어쩝니까…….

그냥… 오고 싶으면 오고
울리고 싶으면 울리다가
그러다가 어느 어두운 시간이 되면 떠나겠지요

그때까지는 나도 물결 따라 맡기고 말렵니다

친구 (4)

가을바람이 삭풍에 밀려
나뭇가지를 흔들며 지나가던 날

불현듯 지나는 나그네 옷깃을 잡듯이
나의 가슴 한 깃을 붙잡은 친구가 있었습니다

떨어지는 낙엽이 아름다운 것처럼
석양의 노을도 그렇게 고운 것이라며
솟는 기쁨보다 지는 생명도 기쁨 속에 넣어야 한다고–

지친 시간들 때문에
겨울이 오는 줄도 몰랐는데

친구는 안경 너머로
반짝이는 진주 빛깔 눈동자로 말합니다

사랑하는 것보다
사랑받는 것이 더 아름답다며
싱아빛 치아를 보이며 웃었습니다

처음이었지만
오랜 보고픔에 만난 연인처럼

내 가을 가슴 한 깃을 붙잡은 그니는
벽난로 온기가 되어 차거운 나의 겨울을 덥힙니다

-우린 사랑받는 친구가 되지요?-

2005.11.25.

별이 달빛을 잃어버리고

작은 소리라도 내면
바람이 찾아올까 싶어

비는 조심스런 발자국을 옮기며
저녁 무렵에 찾아왔습니다

그리도 천대하던 빗소리 땜에
이렇게 가만히 나를 찾았나 봅니다

사 년 전 내 가슴을 진눈깨비로 휘몰아와서
눈물 넘치던 마음의 방파제를 스러가더니

오늘은 듬뿍 고인 눈물이 방울방울
흔들리며 소리 없이 어깨를 만지고 있습니다

누군가… 해서 하늘을 보니
별 일이네… 별이 달빛을 잃어버리고 슬픈 얼굴로
겨울을 웃고 있습니다

2006.01.13.

3. 편린(片隣)들이

-왼쪽과 그 가운데의 조각들-

사랑할 줄 몰랐습니다.

사랑한다는 말을 이렇게 쉽게 할 줄은
정말 예측하지 못했습니다

〈그미〉가 아닌 다른 이를 사랑할 줄도
상상해 보지 못했습니다

사랑한다는 말을 나는
까마득하게 잊은 줄만 알았습니다

언제 어떻게 내 가슴으로 날아왔는지
나는 사랑의 전염병에 감염되어
날마다 앓고 있는데
의사는 전혀 까닭을 모른답니다

하긴……. 알 리가 없지요
내 사랑은 손도 닿지 않는 곳에서

마음 속 깊은 강물이 되어
소리 죽이며 흐르고 있으니까요

그 머나먼 시간을 강물은
멈추는 시간도 없이 심장으로 흘러듭니다

나는…….
그 출렁이는 물소리를 들으며
바람소리를 들으며
님이 흔드는 갈대소리를 들으며
날마다 잠이 듭니다

시공을 넘어 달려오는 당신의 웃음소리에
아침을 열고

장밋빛 입술의 달콤한 키스에
하루를 닫습니다

얼만큼의 시간이 가서야
그대의 콧노래가 나의 귓바퀴를 간질여 줄려나…….

사랑한다는 말을
다시는 하지 못할 줄 알았습니다

2006.01.23.

바람 같은 삶

언제부터인가 그미가 보고 싶은 날은 바람이 불고
바람 때문에 양수리를 찾습니다

큰년이
–아빠 닮은 사람과 결혼할 꺼야–
하던 날은 바람도 불지 않던 여름같이 더운 봄이었습니다

2년이란 시간을 친구처럼 끼고 돌아
나를 닮지 않은 머슴아를 사랑한다는 말을 하는 날은
봄이었지만 진눈깨비를 안은 하늬바람이 부는 날이었습니다

생각하면…
내가 무슨 대수라고 그렇게도 설워 울었는지
–자식놈은 필요없다니까.…– 했는지 모르겠습니다

같은 종씨에 같은 파에 같은 항렬의 머슴아는
囚人(수인)처럼 땅바닥에 코 박고 꼼짝도 안 합니다

–아버님의 처분대로 하겠습니다. 하지만
아버님이 장모님 사랑하시는 것보다 더 마리아를 사랑하겠
습니다.–

바람이 칼이 되어 가슴 복판을 가릅니다
자식 이기는 부모 없다고 끝내는 내 손으로
나를 닮지 않은 그 놈을 일으켜 세웠습니다

—그래……. 나를 닮지 않은 게 다행이다
둘이서 한날한시에 이승 떠나는 복을 누리거라…

오늘도 바람이 많이 부네요

그니의 빛

수많은 시간의 강물이 흐르고
봄 여름 그리고 단풍잎 고왔던 가을과
아름다웠던 겨울의 슬픈 이별의 시간도
기억 저편에서 서성일 무렵
그미를 닮은 작은 노래 하나가
갈라진 가슴 사이로 날아왔습니다
잊을 수 있다면 잊으라고…….

그러나 잊지 못해 눈물 고이는 나에게
잊는 것은 애초 사랑이 아니라며
그니는 뜨거운 눈물 떨구며 웃고 섰었습니다

그미의 고운 눈매를 부러워하며
-질툰가 봐요.-
그니는 하얀 얼굴로 맑은 눈동자를 보냅니다

그게 화살처럼 심장으로 박혀서
난 웃을 때마다 아픔을 느낍니다

바람이 그 아픔 때문에 일렁인다면
아마 난 그니를 사랑한다고 말할 것입니다

작은 키 하얀 얼굴
동그랗고 까만 눈동자
붉은 입술에서 비껴 흐르는
상아빛 치아의 빛나는 언어들…….

그니는 벌써
나의 바람이 되었나요?

포만(飽滿)

그리움 때문에
눈 익은 길을 걷는데
바람이 불더니
비가 옵니다

뒷산에 올라 죄 없는 백양나무에
그리움을 찍어 〈보고파…….〉란 단어를 새기고
물 맞은 쥐새끼처럼
날렵하게 달아났습니다

내가 사랑하는 모든 것들이
죽기로 쫓아옵니다

사랑하는 사람도 많고
사랑해야 할 사람도 많은데
목구멍까지 넘실대는 울음은
더 삼킬 수 없는 포만(飽滿)입니다

그미는 말없이 바라보며
가슴 가득 고인 눈물부터 버리라고 합니다

바람이 전해 주길래

가끔 아니 바람이 부는 날엔
혼자서 거리를 걸을 때가 있습니다

아직 덜 피어난
봄빛 꽃망울을 보며 미소 짓기도 하고
꽃샘바람에 날리는 빗줄기에
몸서리도 칩니다

그리움이 설움 되고
침묵 속에 묻힌 보고픔이 가슴에 스밀 때쯤
빗줄기에 엮혀 있던 바람이
부르르 떨면서 편지 한 장 놓고 갔습니다

"인천에 놀러 오셔요"
고운 미소 색인 찍힌 초대장 고이 품고 갔지요

세월이 그려 놓은 거미줄 땜에
행여 오래된 심장은 밀쳐 놓으려나 조마조마했는데
오랜 벗 쌓인 우정인 양
어깨 도닥이는 사랑을 듬뿍 받고 왔네요

외로움이 다가올 때나

그리운 사람이 보고플 때는
님들이 알아주시어
오늘처럼 바람의 언어로 편지 띄우실랍니까?

나- 그때도 오늘처럼
구름 타고 달려가리다

모임에 초대 받고

2006.04.01.

사랑의 손짓

1. 당신을 알고부터 밤이 싫어요
세상 힘든 곳에서 나를 끌고 와

깊게 깊게 잠기게 할 것 같은
당신의 심연 같은 눈빛을 볼 수 없어 밤이 싫어요

백합 같은 미소로 내 눈을 당기며
당신의 오른손 주먹이 코에 닿을 때

나는 바알간 얼굴로 당신 손만 잡았어요
나를 좋아한다고 나를 좋아한다고

2. 당신을 알고부터 밤이 싫어요.
세상의 아름다움을 손짓 하나로 그리는

당신 모습 가려지는 밤이 싫어요
칸나 같은 미소를 내 가슴에 던지며

가운뎃손가락 두 개만 구부리고 나를 보며 흔들 때
나는 가슴 속 출렁이는 파도 때문에 현기증이 났어요
나를 사랑한다고 나를 사랑한다고

3. 지금은 밤이지만 싫지 않네요
당신의 작은 손이 내 손 안에서

태양보다 더 뜨거운 화로가 되어
가난한 내 심장을 태우고 있어요

강물 같은 미소만 소리 없이 보낼 때
침묵이 외침보다 더 큰 소리임을 나는
이제야 알았어요
오른손이 왼뺨을 살짝 댄 후 왼손 바닥에 얹으며
내가 소중하대요 소중하대요 내가

- 수화로 오른손을 펴서 왼뺨에 댄 후 왼손 바닥에 그대로 얹는 것은 "소중하다, 중요하다"라는 의미.
- 수화로 오른손 주먹을 코에 살짝 대면 "좋다"라는 의미. 손바닥을 편 상태에서 장지와 약지만 구부리면 "나는 당신을 사랑해요"라는 의미.

고운 맘을 품은 천사들에게

세상이 흑과 백으로만 되었다면 얼마나 좋을까
삶이……. 좋고 나쁨으로만 가라져 있다면 참 쉬울 텐데…….

하지만 세상은 그렇게
인간의 가슴만으로 살게 하지 않지요

반듯한 갈림보다는
왼쪽도 오른편도 아닌 회색빛이 더 많아
누구든 비켜가기를 좋아합니다
입으로 생을 말하기를 원합니다

그러나 우리들의 젊은 환희 안에
사랑의 흰빛으로 노래하는 천사가 있어
이미 지나간 회색의 화신들이 돌아서 웃음 짓네요

아— 젊음은 이토록 아름다운 것이었구나

아직은 잃지 않은 희망이
아직은 머물고 있는 푸른빛이
여기 우리들의 젊은 〈하얀천사〉들이 머물고 있었구나!

생의 환생을 원치 않던 사람들에게

오늘 그 영원한 생명의 아름다움을 보여 주었구나…….
희망이 여태 달아나지 않고 오늘 여기 머물러 있었네요

일일호프 이웃돕기 마치고

2005.05.03.

신비, 하느님의 모습

어제는 연령이 생겨서 평촌 성심병원엘 갔지요
너무 힘들어 살다 하느님 품으로 가신 님은
야위어 아주 작은 모습으로 누워 있었습니다

몸을 정성스럽게 닦고
온몸을 조심스럽게 주물러서 부드럽게 하고
얼굴과 머리를 곱게 단장했습니다

사람들은 저보구 장갑도 안 끼구 한다고 했지만
하느님이 지으신 몸인데… 하여
전 아직까지 장갑 같은 것을 사용 하지 않았습니다

옷을 입히고 가만히 잠자듯 누워 있는 모습은
정말 아름다웠습니다

생각해 보면…….
가난한 이들이 돌아기시면 정말 깨끗합니다
왜냐면 죽음을 그대로 받아들이기 때문이지요
그저 기다리던 친구가 와서 함께 가는
그런 기분인 것 처럼…….

그런데 부자들이 돌아가시면

참 힘든 모습으로 누워 있는 경우가 많습니다
본인이 받아들이기가 어렵기도 하거니와
후손들이 죽음의 친구를 물리치기 위해 안간힘을 쓰기 때문이지요
그래서 온 전신을 주삿바늘을 꽂고 애를 쓰지요
결국은 떠나야 함에도…….

하느님의 신비입니다
험한 죽음을 맞아 여름에 냄새가 진동하고 진물이 흘러서
연도하는 교우들이 코를 막고 있어도
수시를 하는 우리는 전혀 느끼지 못할 뿐 아니라
오히려 향기가 날 때가 있습니다

기도 속에서
하느님 품으로 돌아가신 길을 인도하다 보면
왜 인간을 하찮게 여기지 않으시는지를 알지요

누구에게나 친구인 죽음은
우리가 사는 동안 우리와 함께 있지만
정작 그 친구가 보이면 친구가 아니라고 합니다

친구를 친구가 아니라고 할 때에는

얼마나 괴롭고 힘들겠습니까!
그 친구 옆에는 예수님이 두 팔 벌려 웃고 서 계신데…….

〈사람이 제일 큰 복은 좋은 죽음을 맞는 일이다〉라고
옛사람은 말했습니다

예수님과 함께 영원한 생명을 누리러 가는 길을
친구가 인도하는데
그 좋은 친구가 찾아오면 웃으며 마중 가는 연습을 해야겠습니다
여름밤……. 너무 이상한 친구 얘기를 했나요?

2005.07.22.

할 일과 해야 할 일들

해가 솟아 아침이 되는 일어나야 한다는 것을 압니다
한 해의 아침이 나를 일으켜 세우지만
선뜻 무엇을 맨 처음 해야 할지를 모릅니다

참아야 할 것과 그만 둬야 할 것
이뤄야 할 것과 그리워해야 할 것이 있습니다
잊어야 할 것도 있고 잊지 말아야 할 것이 있고
다듬어야 할 것과 보듬어야 할 것들이 가슴으로 들어옵니다

정녕 올해엔
님을 위하여 일하는 것도 좋지만
남이 나를 기억되게 하는 일을…….
나를 그리워하게 하는 일들을 하고 싶습니다

이 날이 저물 무렵
석양을 보며
–보고 싶은 그 사람은 아니 올까……?
나를 기다리는 사람들이 많아지기를 바랍니다

힘들고 지친 이승의 시간에서
그래도 〈소풍〉 온 어린이가
보물찾기에서 찾아낸 보물이 바로 '나'이기를 바랍니다

그렇게 힘든 이들이 그리워하는 '이'가 된다면
나는 살아있는 기쁨이 무엇인지를
아마……. 그때사 알게 되겠지요
그러면 나는 그리움을 가르쳐준 그 분을 또한 그리워하게
되겠지요

사랑한다 말하지 않으셔도
사람을 사랑하는 법을 제게 가르쳐 주시겠지요
언제나 지금의 이 들뜬 소망을 잊지 않기를 또한 소망합니다

친구에게로의 편지

님이 주신 커피한잔~~~~홀짝~홀짝~~~마시며~
갈 타는 편지를 씁니다

가을에 맛있는 열매를 맺는 꽃은
봄이면 벌 나비에게
달콤한 꿀을 내어 주고
여름의 모진 비바람을 맞으며 희망을 모으고
가을엔 찬 서리를 품은 채
꿈으로 영글어갑니다

고운님 지난날의 아픔들은
두 송이의 아름다운
추억이 되어 머무네요
중년의 가을이 되어 하얀 서리를 이고 있는
세월이란 열매 속에
고운님의 고운 희망이 영글어가는데
추하다니요!

꽃이 아름다운 것은 꽃잎이 날리기 때문이구요
조화가 감동을 주지 않는 것은
영원히 젊기 때문입니다

고운님의 아름다움은
생의 열매를 맺기 위한
시간의 흐름 속에 있음인데
향기 짙은 님의 모습은
아름다움의 참인 것을!

용산에 있는 정신지체의 내 친구가
온몸을 뒤틀며 컴퓨터를 치는 모습은
아름다움을 넘어
거룩하기까지 합니다
하긴------
난… 이렇게 입만 살아서
입가에 주름만 잔뜩 꼈지만 말이죠

남을 위로할 수 있는 시간을
내어 주는 님은 정녕
아름답습니다---고운님!

낙서

씨몽 너는 좋으냐
포장마차의 오뎅 국물 냄새가…
가을의 모퉁이에서 하늬바람 비껴간
동그랑땡이 먹고 싶다

씨몽 너는 좋으냐
장작 타는 냄새 스며든 군고구마 냄새가…….
플라타너스의 몸짓으로 시간을 태워 온
알바 머슴아의 안타까움이 보고 싶다

씨몽 너는 좋으냐
먼 옛적부터 익어 왔던 붕어빵의 냄새가…….
어두운 생의 뒤안길로 밀려나 거리의 방랑자가 된
민족중흥의 역사적 사명을 이룬 우리의 아버지가 보고 싶다

가까이 오라 벌써 겨울이 되었다
이미 우리의 기적은 한강으로 흐르고
거리는 씨몽… 네가 좋아하는 냄새로 가득하다

가까이 오라 노래를 부르는 우리들 가슴은 싸늘하다
사랑도 먼저 가고 친구도 너의 마음 밖이다
씨몽 너는 좋으냐 미화원의 낙엽 태우는 냄새가…….

그렇구말구요

그립지요 그리웁고말구요
길을 걸을 때에도 책을 볼 때에도
늘- 그대가 거기 서 있는데

그립구말구요
보고 싶지요 보고프고말구요

허허로운 시간이 나를 덮을 때에도
추적이는 가을비 가르며 차를 달릴 때에도
늘- 그대가 웃고 있는데

보고 싶구말구요
한달음에 달려가 그대 가슴에
그리움은 이것 때문이에요
불꽃 같은 웃음을 새겨주고 싶지요

그러나 그것은 마음뿐-
나에겐 너무 벅찬 그대이기에
지나가는 바람에게 부탁합니다

내 가슴에 그대를 향한
그리움이 쌓여 날리고

보고픔이 흘러넘치면

그래서
주체할 수 없는 고통에서 헤엄칠 때
그때… 그곳에서 그대를 보게 되리

울음 우는 소리 지르며

어디에도 없어서

온–사방을 둘러보아도 님의 흔적이 없습니다
어디를 찾아보아도 님의 모습이 보이지 않습니다
다시금 제자리를 맴돌아도 님의 목소리는 들리지 않습니다

–내가 …….왜 이러지?
모릅니다. 왜 이러고 헤매이는지는 정말 모릅니다
내가 지금 떨고 있는 것은 갑자기 추워진 날씨 탓만은 아닌 것 같은데
이대로 영영 님을 보지 못할 것 같은 두려움이…….

아 아 그것은 차마 상상하기조차도 싫은 무서움입니다
마음을 진정하고……. 아니야
여행으로 준비한다고 바쁘신 게야…….
애써 가슴을 진정시키지만 떨리는 손과 발…
조급해진 마음은 달랠 길이 없습니다

–그저… 기다려라. 님이 오시면 예전의 그 해맑은 미소로 나를 보시리라–

약속

만날 약속은 했지만
기쁨보다는 망설임이 더
나를 더디게 합니다

나에게 부딪혀
상처로 가슴앓이를 하지는 않을까
시간마다 보채이는 나를
눈으로 밀어내지는 않을까…….

깊은 곳에서 간간이 들춰지는
그리움이 차올라
슬픈 미소로 답하지는 않을지…….

어쩌면 나를 보게 된 걸
후회하지는 않을까
내가 건네는 장미꽃을 한 잎 한 잎
뜯으며 울지도 몰라

그래도 그대를 만나야 하고
만나서 갈색 낙엽의
서러운 얘기를 해야 합니다

내 아픔으로 하여
그대의 상처가 덧나면
가슴으로 흐르는 눈물로
씻겨드려야 합니다

어느 기억 못할 시간부터
난……. 그대를
사랑하게 되었기 때문입니다

이건 사랑이야

처음 만난 다음날은
첫눈이 내려
그대를 안아 주더니

처음의 입맞춤이 지나고는
뜨거운 겨울 태양이
내 가슴을 덥게 하네

겨울 답지 않은 미풍이
귓가를 간질이며
그대의 온기를 우주에 뿌리네

우리 행복하자고 말하지 않아도
그저 눈빛 던지는 것 하나로
기쁨을 받게 되네

그대 생각 스치는 시간만으로도
황홀한 기쁨이 강물처럼 넘실거리네

수 만 번을 불러도
목이 쉬지 않는 그대의 이름…….
아– 이건 사랑이야

좋은 님

그대는 아시나요
종일 그대를 품고 있는 바보를

그대를 품고 있음이 너무 뜨거워
찬바람을 쐬려 했지만
행여 멀리 물러설까 조바심하는 나를…….

그대는 아시나요
시간마다 강물처럼 흐르는 그리움들이
내 심장을 넘치어서

그대의 숲으로 굽이치는 아쉬움에
맘 설레는 사랑의 환희로 떨고 있는 사람을…

예전에 이미 사랑의 불이
사그라진 줄 알았는데

예전에 모두 슬픔과 고독이
강을 건너 멀리 달아난 줄 알았는데

아– 다시 그립고도 서러운 사랑이
여기 머물 줄은

정말 몰랐습니다

그대와의 뜨거운 입맞춤이
이렇듯 나를 사랑의 화산으로
담가 낼 줄은 몰랐습니다

사랑하는 그대…….
좋으신 나의 님이여…….

나… 그대를 사랑하오니
슬픔의 씨앗도 사랑으로 품으니
후회의 종말도
갈라놓을 수 없으리

기쁜 나의 좋은 님이여!

그대를 사랑하는 것은

그대를 내가 사랑한다는 것은
내 삶의 핏줄 속에
그대가 박혀 있기 때문입니다

문득 문득 혈액 속의 혈전이 되어
현기증으로
나를 어지러이 쓰러뜨립니다

그대를 내가 사랑하는 것은
내 심장 속에
그대의 선혈이 파고들기 때문입니다

운명처럼 규정지어진 것도 아닌데
갈증으로
목마를 때 나를 깨우고 있습니다

그대를 내가 사랑하지 않을 수 없음은
내 팔다리에
그대의 입김이 마르지 않기 때문입니다

두터운 옷을 입은 것도 아닌데
내 차거운 가슴에서

용솟음치는 그대의 피가 더운 기운으로 나를 덥힙니다

사랑한다는 것은 이렇게
나를 나이지 않게 하고는
오직 그대의 사랑만으로 살게 합니다

아— 사랑이여 기쁨이여
그대 이름만으로도
이렇듯 충만한 삶을 살게 하는 그대는 누구시죠?

150일의 사랑

따뜻한 미소가 다가와 첫사랑처럼 설레던 12월
작은 요정이 얼음 녹이듯 나의
설운 가슴을 덥혀 준 그녀

약속이나 한 듯 계절의 여왕이 부른다며
장미꽃 만발한 오월에 서둘러 떠났습니다

다정한 미소도 눈감으라고
달콤한 입맞춤도 잊으라고
열정을 살랐던 사랑도 지우라고
아름다운 추억은 제발 기억하지 말라고…….

눈물 고인 얼굴을
내 가슴에 가득 부어 놓고는
미안해……. 정말 미안해…….
한마디 목메이게 뿌리며 떠났습니다

삶이 사랑을 매어 놓지 않는다며
힘겨운 시간의 보따리를 어깨에 걸머지고
뒤뚱거리는 모습 보이며 떠났습니다
백오십 일의 사랑은 지워버리라며…….

너에게

너에게
네 가슴에 편지를 쓴다

어쩌면 다시는 볼 수 없지 않을까…….
이젠 영영 너의 볼에 입맞춤을 하지 못할까…….

두려움으로 마음 조이며
네 가슴에다 편지를 쓴다

하늘은 불볕으로
사람마다 열대야의 아우성인데

나의 심장은 너로 하여
그린란드의 빙산보다 더
무거운 얼음이 흐른다

언제는 푸른 약속을
까만 밤 하얗게 되도록 속삭이더니

어이 떨리는 시간으로 숨어서
불 같은 눈물을 흘리고 있는지…….

내가 어둠 속에서 헤매이듯
너도 아픔으로 삶을 베어 내고 있으리…….

–한번 싫으면 죽어도 싫어–네 말이
내 심장에 꽂을 그런 말은 아니었겠지…….

설마…….

그대는 왜?

그대는 왜?라고 묻고 싶지만
그렇게 할 수 없습니다
그대가 내 마음에 담긴 것들을 다 갖고 있기 때문입니다

오늘 종일을 내 자신과 실갱이를 했습니다
그래서 머리가 많이 아픕니다
간밤엔 차를 잃어 버려 마구 돌아다니다 지친 꿈을 꾸었습니다

왜? 내가 이승엔 없는 사람을 비교하며 괴로워해야 하는지를 아직도 모릅니다

지금 그대가 같은 질문을 해도
그때와 같은 대답을 할 터인데 ,그대를 배려하지 않음은 아니었습니다

나의 대답을 듣고 그대가 아파했다지만
그대의 질문에 그렇게 대답 할 수밖에 없는 나를 아셨는지요?

내가 가벼웁고 허튼 사람이라 한다면
그대가 그러하다면 그럴 것입니다

진실로—
그대는 늘 옳은 말로 나에게 와 닿았다면
나 또한 그대로 그대에게 갔습니다

그대는 내 미운 것들을 하나하나 뽑고 얘기하지만
나는 그대의 모든 것이 미쁜 것뿐이었습니다

결국은—
완벽하지는 않았지만 좋은 시간들은
존재하지 않는 사람으로 하여 다투고
그로 인하여 살아있는 내가 놀림이 되었습니다

그래서—
기분이 좀 나쁩니다

고백

우리의 인연이
물거품으로 남지 않기를 기도합니다
이미,
익숙한 외로움쯤은 참아 낼 수 있어도

또 다른
이별의 인사,
이겨 낼 가슴은 내겐 없습니다

때 묻지 않은
순수는 없을지라도
혼탁해진 내 마음에
거친 말과 생각들로 가득할지라도
그대 고운 눈빛으로
내 영혼이 정화됨을 느낍니다

내
가슴이 따뜻해옴을 느낍니다

우리 인연
비록 물거품 같은 위태로움으로

언제 어느 때
마지막이 올지 나는 알지 못합니다

그러나,
그대와 나 지금 이 순간
서로 보듬고 감싸줄 수 있어 행복합니다

번개 모임

봄 아가씨 한눈파는 사이
우리가 비집고 들어가
우정을 마시었지요

어제는 노래를 불러
오늘은 사랑을 드리우고
내일은 희망을 보게 되었지요

따뜻한 시간이 흘러
눈맞춤으로 길마중 보내드리고
짧은 인연은 출렁이는 기쁨의 강물 되어 흐릅니다

번개는 스치듯 지났는데
이제사 가슴에선
천둥소리가 둥둥거립니다

이별 또 이별

그미를 먼저 보낸 후
깊이깊이 새겨진 웃음소리 못 잊어
다시는 사랑을 모를 줄 알았습니다

오동잎 지는 어느 날 친구는
따뜻한 미소를 갈바람에 싣고
내 마음 속으로 스며들었습니다

진달래 피고 종달이 우짖는 4월
사랑을 열어 놓은 친구는
지는 목련처럼 가 버렸습니다
그날의 목련꽃 이파리는
사랑의 시체처럼
검은 멍울로 흩어져 있습니다

이별 후엔 또다시 사랑을
차마 사랑을 하지 않을 것을…….
몇 천 번을 후회해도 내 앞에 선 다른 이별
아~아~ 죽어도 다시 잊지 못할
사랑의 사람이지만
아득한 먼– 훗날엘랑 만날지 모르겠습니다

사랑 또 사랑

보고픔이 넘치면
두 눈에 그리움이 차고

그리움이 가득하면
가슴에 사모함이 고이고

사모함이 흘러 강물이 되면
너와 나는 사랑이 되네

너와 내가 사모하는 마음
흐르는
정말 그런 사랑을 한다면

우리 그리움 안고 살자
그러면 언젠가는
만나서 서로를 안고 흐르겠지

그렇게 흘러 흘러
가득 고여
넘치는 보고픔으로 산다면…….

잊을 수가 있을까

빙점에서 맴돌던 나에게
능금 빛 향기를 풍기우던 그대

스르르 가슴 속 얼음 녹는 소리 들으며
한 줄기 불꽃을 피우던 그대

구름 사랑이 흘러가 버리면 어떡해?
가늘게 웃던 다정한 그대

따뜻한 겨울이 훌쩍 가고
살랑이던 봄바람이 아직 머물고 있는데

사랑의 미소를 가르쳐준 그녀는
무거운 삶의 무게 때문에 떠나고

사랑한다는 말 대신에
미안해……. 정말 미안해…….

불꽃같이 사라진 사랑을
잊을 수가 있을까~

담배

흩어져 날아오르는 환영
가늘게 웃는 요정의 얼굴

빗줄기를 삼키는 설움
우울을 뿜는 그미의 미소

연기 고리 속에 닿는 사랑
흔적 남기지 말라는
바보의 이별 노래

갓 배운 연기를 삼키곤
콜록이며 흘리는 눈물…….

다시 시작된 가슴앓이…….

사랑의 진실

두 번씩이나 찾아온 사랑에
저 혼자 순애보인 줄 알았는데
현기증 나도록 시간을 태우던
그것은 불검불 사랑이었네

—영화로운 솔로몬보다
한 송이 들꽃이 더 아름답지 않나요?

—사랑하는 그대를 이 선혈로
눈같이 희게 해 주겠어요

아— 나는 이제 알았네
꽃을 사랑하는 것보다
잎새 키우는 마음이
사랑의 진실인 것을…….

나를 사랑하시는 임을 따라
임을 따라 가고 싶지만 마음뿐,

어리석은 설운 사랑을
겨자씨만 한 목소리로 보냅니다

–님을 사랑하니까
가슴앓이도 거두시네요

천치(淺痴)

나 정말 우습다 그지?
무너진 지도 오랜 가슴에 또 무엇을 담으려 하니…….

나 정말 우습다 그지?
동정 어린 눈빛을 보고 사랑인 줄 알고 있으니…….

나 정말 우습다 그지?
결코 그미 아닌 사랑은 할 수도 없으면서…….

나 정말 우습다 그지?
흔적도 없이 먼지로 날아간 그미를 아직도 품고 있으니…….

나 정말 우습다 그지?
허연 白雪(백설)을 이고서는 사랑을 말하려 하니…….

淺痴(천치)가 따로 없네…….

요정… 그리고 나

바람처럼 날아간 그미의 영상을 못 잊어
가슴 저미는 나를 사랑한 요정

깊이 패인 그리움의 海峽(해협)을
눈물 글썽이며 바라보는 요정

그리고… 버거운 아픔의 시간을 이고
언덕을 넘는 요정을
너무 느리다고 투정만 하는 나…….

바람처럼 왔다가
한밤의 별처럼 새벽에 떠나 버린
나의 요정…….

손 내밀면 잡힐 듯싶은 곳에서 지금은
-슬픈 사랑을 만들지 말 것을…….
후회하고 있을 요정…….

아주 작고
아름다운 사랑의 요정이
지금은 그림자만이 가슴 깊은 곳에서 나를 울리고 있습니다

역류

사랑하지 마세요
가슴은 구멍 나 여름에도 춥습니다

아름답다 하지 말아요
마음의 상처가 심장을 조각내고 맙니다

그리워하지 말아요
멍울진 피가 물이 되어 흐릅니다

이별하지 말아요
멀리서 날아온 황사가 내 눈 속에만 머문답니다

슬퍼하지 말라구요
바다는 역류되어 도시를 덮어요

당신이 사랑한 그미가 사라지면…….

편린(片璘)

그대가 나를 좋아하지만
사랑하지는 마오

나는 이미 늙어 지쳐 있고
사랑은 바람 되어 흩어진 지가 오래라오

그대가 나를 그리워하지만
가슴에 품지는 마오

잊힐 길 없는 그미의 기억으로
가슴앓이 한 지도 오래라오

그대가 나를 위해 노래하지만
세레나데는 부르지 마오

그미도 사라지고
그토록 사랑한 요정도 본향으로 갔다오

그대……. 가까워질수록
그대의 아픔은 커지고 있는 것을…….

보고 싶은 님

다정한 님
또 다른 환희의 시간을
공으로 주시는 님께
난……. 드릴 게 없네
오늘도 목마른 가슴에
맑은 시내를 흘려보내 주시곤

문득 문득
떠나간 사랑의 영상인 양
가슴 깊은 곳으로 파고듭니다

시간이 하늘에 걸리우면
그때나 뵈올까
비 개이며 무지개 걸리면
그날에나 뵈올까
벌써– 미소 지며 바라보는
꿈을 보았습니다

어제는 여우빗소리에
님의 발소린가
창문 열기를 몇 번 하였습니다

작은 소녀의 기도

인생의 벼루에 선 모습으로
바람 부는 들판에서
하늘 향해 눈물짓는 코스모스

사랑은 아직 이른데
꽃잎은 여린 가슴 속으로 날리고

아직도 갈 길은 까막길인데
지나온 행복이
신기루였나…….

비껴가는 노을에 갈대가 울기 전에
밀감 빛 창가를 두드리신다면

그대는 머드러기 나의 사랑
하맘한 마음으로 마중가오리

그대를 사랑한다는 것은

어둠의 시작인 줄은 알지만
슬픔의 노래인 줄은 몰랐습니다

사랑의 손짓인 줄은 알았지만
아픔의 굴레인 줄은 몰랐습니다

그대를 사랑한다는 것이
〈유추프라카치아〉를 심는 것인 줄은
정녕 몰랐습니다

내 사랑이 마디어서
희망에서 슬픔으로 시들어 가고

가까이 다가설 수 없는 꽃으로
먼 길을 떠나십니다

어느 긴 시간이 지나면
내 사랑이 들꽃 향기였다는 것을
아시겠지요

내가 다시 사랑한다면

내가 다시 사랑한다면
목련꽃 지는 모습이 아무리 흉해도
이듬해 또다시 고요한 선율을 잊지 않고 피어나듯
그렇게 당신을 사랑하겠습니다

내가 다시 사랑한다면
플라타너스 잎사귀가 귀찮게 떨어져 청소부의 미움을 받아도
새 봄에 새 생명으로 또다시 그 나무에서 솟아나듯
그렇게 당신을 사랑하겠습니다

내가 다시 사랑한다면
가슴 아픈 설운 시간을 당신에게 주고
목련처럼 피었다 플라타너스 잎새처럼 소각되어 버릴지라도
그래도 나는 당신 안에서 피어나겠습니다

목련에서 목련화가 피듯이
당신에게서만이 오직 내 사랑이
피어나기 때문입니다

*유추프라카치아: 건드리면 죽어 버린다고 알려진 식물.

사랑하는 님께

오곡백과가 풍성하고
세상은 아름다움으로 가득한데
어이해 가슴 한 녘에선
작은 틈새가 열리어 채워지지를 않습니다

어쩌면…….
넘치는 包滿(포만)보다는
작게 흐르는 그리움이 아름답기 때문일까요?

아마도…….
님의 고운 얼굴이 문풍지 되어
내 마음 들고 날 때 미소 되어 반기시려나요?

님이 보낸 글만 보면 가슴은
열병처럼 뜨거워지고
백 번을 읽어도 새로워져
외워지지를 않습니다.

가을이면 앓는 이 그리움의 병을
님은 아실런지 몰라

아름다운 계절이 가면 님은

여느 때처럼
긴- 그림자를 드리우며 떠나겠지요

겨울 나그네가 되어…….

전… 시인이 아닙니다

어느 고운님이 물었습니다

왜 〈그미〉를 벗어난 시는 없는 거죠?
전……. 시인이 아닙니다

왜 〈그미〉의 노래만 부르죠?
전……. 가수가 아닙니다

왜 〈그미〉의 그림자만 쫓나요?
내 아내이니까요

아름다운 강도 있고
지조 높은 산도 있잖아요

아름다운 강은 그미가 품고
그미의 웃음소리에 지조 높은 산도 흔들립니다

그미의 영혼 안에서 내 마음의 휴식이 시작되고
시공을 오가는 아내의 파－란 곡두에서
기쁨의 얽매임을 누리고 싶습니다
전……. 시인이 아니거든요

바람

바람 바람 바람이었다
나를 사랑한다는 그 말은
못 보면 죽을 것 같다던
그님의 언어는 바람, 스치는 바람이었다

눈물 나도록 고왔던 월미도의 달빛도
그님의 뜨거운 입술도
바람 바람 그것은 바람이었다

그미를 잊는다고 사랑했던 내 마음도
가슴 깊이 심어 놓았던 그님의 얼굴도
바람……. 그것은 바람이었다

바람에 긁히었던 그 자리에
선혈로 채워져 나는 고통으로 헤매이는데
하얀 눈 위의 타이어 자국처럼
가슴에 선연한 자국의 상처들…….

꽃잎 날리며 봄바람에 녹아 흩어지듯
그님의 상처도
흐르는 눈물로 씻기며 바람에 사라질까?

망상

어느 님이 전화했습니다
“차 한잔하고 싶네요.”

–미처… 시간을 맞추지 못했네요
죄송합니다.–

친구가 문자를 보냈습니다.
“옆구리 추운 친구야~ 해물탕 먹으러 가자.”

–옆구리에 찬바람 보관할 공간 없음.–

마음을 다스리려고 먹을 갈고 있는데
불현듯 그림자가 스쳐
행여 〈그미〉인가 맨발로 뛰쳐나가니

물기 하나 없는 플라타너스 잎사귀가
문틈 사이로 울고 있네

꿈 (1)

필경 헛것을 보았다

이 나이에 연륜을 엮는다는 것이
하릴없는 중늙은이의 염치인 것을 알면서도

어쩌다 불씨를 지피려 했는가–

가슴 깊은 곳에 버젓이 앉아 있는
그미를 커튼 뒤로 숨기고

어찌하여 소꿉놀이를 하려 했는가–

인생의 벼루에 서서
굳이 곡예사가 되려 함인가

아서라– 온새미로 거둔 사랑을
토막 낼 수야 없지 않은가–

꿈 (2)

그리운 것이 없는가 하니 그리운데
없어서 더욱 보고 싶다

비워 둔 마음이 없는데 시리어
가슴에 가득 채워져서 많이 아프다

앞으로 가려 해도 무겁고
멈추어 서려 해도 슬프다

흩어지는 환영을 잡으려 손을 내밀지만
허공뿐이다

어쩌다 만나서 넘치는 기쁨에 눈을 뜨니
차가운 땀줄기만 몸을 적시네

시인이 되어 보려고

보석 같은 글이 부러워
하늘을 쳐다보며 큰 숨을 들이켰지만
고운 글은 생각나지 않고
그미의 갈색 눈동자만 웃고 있다

작은 꽃잎으로
아름다운 노래를 만들려 휘파람을 불지만
잃어버린 노랫소리 가슴에 흘러
슬픔의 강물 위로 그미의 칸나 같은 얼굴만 떠간다

모든 것을 잃으면
많은 언어들이 샘물처럼 솟아나 시인이 된다는데
나의 마음에 솟는 언어는
전에도 지금도 사랑하는 그미의 언어뿐.

철없는 투정 같은 세월을
언제면 거두어 이 많은 눈물을 멈추게 할 것인가…….
언제는 시인이 되어 보려고
예사롭지 않은 사색도 했지만 그게 다 공상이었음을 알았다

편지

이렇게 불면
바람 따라 날아다니던 시간이 그립듯이
아득한 곳에서
그리움을 보내는 그대가 옵니다.

어디에서 오느냐고 물으면
그대는 그냥 美(미)!
라고만 하며 웃습니다

웃음이 너무 눈부셔
난 바람 속에서 고개만 숙이는데
면도하지 않은 턱 밑에서
하얀 목 길게 내밀며 따뜻한 입김 보냅니다.

만남이 조금 더 가까운 시간이었다면
우리 정말 행복했을 텐데…….
그대 고운 웃음 다시 보고파
오늘 바람 속을 걸어갑니다

美야 …….
지금 난 널 사랑하는 걸 아니?

4. 속된 점필(點筆)들

-사위고 들어가야 할 이야기들-

이렇게 기쁜 날

당신이 여기 없음은 세상이 다 아는 이야기지만 여보…….
그대를 날려 보낸 지도 삼 년이 되었습니다
날마다, 어느 한 시, 촌각인들 그대를 잊은 시간이 없었건
만 아직도 그대는 내 등 뒤에서 웃고 섰는 듯합니다

〈당신보다는 하루를 더 살 거예요. 그래야 당신이 괴롭지
않잖아요.〉
하며 크게 웃던 진주 빛깔의 치아가 아직도 눈앞에 선명한
데 그대는 환영으로 바람 되어 흩어집니다

이제 시월이면 큰애가 시집을 갑니다
외손주일망정 우리 딸 이쁘게 큰 것처럼 손주도 정말 이쁘
게 키우겠다며
우린 큰년이 시집가기를 얼마나 기다렸어요!
우리 모두 축제처럼 기부금도 받지 말고 하객들의 축하 방
명록만 받자고 했는데
그대는 무슨 급한 일이 있어서 먼저 훌쩍 떠난 것입니까?

그대가 떠나고 슬픔이 심장을 조각내는 아픔이 있어도 속
으로만 속으로만
감출 수밖에 없었던 것은 부모님께 불효를 하지 않아야겠
다는 마음이었습니다

나의 마음을 아셨는지 아버님은 나에게

〈자식이 죽으면 부모 가슴에 묻지만 사랑하는 사람이 죽으면 야위다 함께 죽는 법이여……. 부디 네가부모보다 먼저 가는 불효는 없겠지?〉

세월이 가면 더러는 지워지며 아쉬움만 남는다는데

그대를 양수리 강변으로 날려 보낸 지도 삼 년이 넘는데
왜 이렇게 더더욱 선명한 무지개로 솟아오르는지 모르겠군요

아이들을 이쁘게도 키워놓은 게 자랑이라지만
그대 닮은 아이들을 볼 때마다
그리움이 서러움 되는 것은 어찌합니까!

우리들의 친구인 장애우들도 그대가 그리워 가끔씩 당신의 음성을 꺼내어 놓는데
하물며 살을 맞대고 26년을 살아온 나는 어떻게
아쉬움이란 낱말 속으로 밀어낼 수가 있겠습니까…….

사랑은 여태 허공에 머물고 있지만

허튼 마음이 들 때마다 반짝이는 눈으로 나를 지켜주는 그대는
아직도 나의 아내입니다

오늘 큰년의 시집으로 예단을 보내며 벽에 기대선 당신을 보니
당신은 너무 기뻐 목젖 보이게 웃고 섰습니다.

〈여보……. 이렇게 기쁜 날은 웃는 거예요.〉 하듯…….
그런데 나는 왜 자꾸 눈물이 나려하는지 모르겠군요…….
이렇게 기쁜 날…….

2005.07.29.

아빠의 좋으신 분들께 감사드립니다

정말 고맙습니다.
멋진 그림과 아름다운 글과 어른이 되라는 깊은 말씀들을 들려주신 고운 분들의 기대에 어긋나지 않는 신부가 되겠습니다

아빠의 마음을 닮으신 분들이 아빠의 친구분들이라는 게
정말 자랑스럽고 너무 행복합니다

떠나는 마음이 참으로 안타까워서
많이도 울었는데
이렇게 좋으신 분들이 많다는 걸 알고는
웃으며 아빠의 곁을 떠날 수 있어서 참 행복합니다

부디 행복하시고요
저희 아빠… 지금처럼 많이 사랑해 주세요
꼭 애기 같으셔서 눈물도 많고 불쑥 화도 잘 내시지만
사랑이 가슴 가득 넘치는 분이세요

엄마를 너무 사랑하셔서 혼자가 되실 때엔
걱정을 많이 했는데
이렇게 좋은 분들이 친구시니까
이겨내셨나 봐요

이 깊은 마음을 언제나 간직해서
좋은 아내로, 엄마로 살아갈께요

정말 고맙습니다~

2005.09.06. 강 마리아 올림.

빗님이 오셔서

빗줄기가 발자국 소리를 죽이며 오십니다.
너무 조용히 와서 비가 오시는 줄도 몰랐습니다
초입 가을비는 심술이 가득 고여서
마중이라도 나가면 고뿔도 함께 온다는데
오늘은 바람도 양수리 쪽에서 아직 도착하지 않았습니다

나는 비가 싫습니다
머리가 젖어서 싫고
옷이 젖어서 싫고
그래서 안 젖게 하려고 우산을 무겁게 들고 있어야 하니
더욱 싫습니다

비는 치어다만 보아도 젖습니다
내 머리에 내리지 않아도 이미 머리는 젖어 들고
눈으로 가슴으로 나중에는
마음 깊은 곳의 강물로 흘러 온몸을 물살로 휩쓸게 만듭니다

가을비는…….
농부들도 힘들어하는 심술이 묻어 있습니다

딸년이 오늘 전화가 왔습니다
결혼식에 입고 갈 정장도 사고 이바지도 맞추고 폐백도 준

비하자네요

– 이것아~ 하필이면 비오는 날이냐!
– 아빠가 시간이 없잖아요~
– 아무리 그렇다고 내가 싫어하는 날을 골라잡은 심보가 뭐냐?
– 아빠 삐딱심뽀 고칠라구 그래요~ 여우비잖아요! 나를 닮은 여우비!
– 그래 그래 이 야시야~ 야시비 맞고 야시 할배되자~ 이 야시를 얼릉 보내야지……. 원…….
– 그러지 말아요~ 자꾸 그러면 내 결혼식 날 아빠 좋아하는 바람 불면 어떡해……. 그것도 태풍!
–알았다… 그날 비오시라구 기도하꾸마……. 여우비!

그럭저럭 아웅다웅 티격태격하면서 장을 한 바퀴 돌고는 해물탕 집에 앉았습니다

– 이젠 아빠가 만들어 주시는 고등어조림을 먹어 보기 힘들겠네…….
– 얌마! 니 또 아빠 꼬여서 느그집까정 가서 요리해 달라고 할라 그러제? 아서라~
– 다른 건 몰라두 아빠 고등어조림은 일품인데… 난 배워두 안 되던데요?

– 야. 야. 꼬이지 마라……. 나 이젠 조용히 살란다. 며느리 같으면 밥상 받고 있을 텐데 요게 딸년이라 내가 고생이네~
– 아빠……. 미안해요……. 나……. 시부모님께도 잘하구요~ 아빠께도 자주 들르께요…….
– 얌마! 시집가면 친정은 외국에 있는 겨~ 시부모님 잘 모시는 게 아빠한테 잘하는 겨~ 쓸데없는 생각 말구 남편 사랑 잘 하구 시부모님 잘 섬겨야 혀~ 그게 아빠한테 효도하는 겨~

요 큰놈하고만 앉으면 언제나 말싸움이 시작되고 그러면 끝에는 내가 이깁니다.
아무리 논리적으로 작전을 써서 나를 이기려 해도 딸놈은 나를 이기지 못합니다.
왜냐면 맨 끝에는
– 너……. 증말 아빠 말에 이의를 달 거야?
하면,
– 아빠……. 미안해요…….잘할께요…….

오늘도 맛있는 시사를 히면시 하는 노톤은 변함없이 내가 이겼습니다.

— 아빠……. 그동안 미안했어요……. 고마워요……. 너무 사랑해요……. 아빠…….

밖으로 나오니 잠시 쉬었던 여우비가 내립니다.

2005.09.10.

행복한 설움

오늘은 부모님을 뵈러 청량리엘 갔습니다.
아버님은 지난주에 저와 벌초를 갔다 오셔서
여독으로 힘들다 하시고
어머님은 음식을 못 드셔서 힘이 없다고 하시기에
영양제라도 놔 드려야겠다 싶어 갔는데
두 분 다 다행히 잘 계셔서 정말 고마웠습니다.

– 아부지~ 엄니~고맙네요! 난 크게 탈난 줄 알고 걱정했짜나요~
– 넌 나이가 얼만데 아직도 아부지 엄니냐! 도대체 언제면 그 말을 바꿀겨?
– 아부지가 늙으시면요…….

저희 아버님은 아직도 일 년 내내 찬물로 목욕하시며 병원 한번 안 가셨고
어머님은 늘 약과 병원을 끼고 사시지만 여든이신 데도 머리카락이 검습니다.

한 달에 두 번 정도 찾아뵈는 부모님이시만 뵐 때마다 어머님은 제 손을 잡으시곤
눈물 글썽이며 아무 말도 안 하십니다.

아니 수많은 말씀을 하시고 수많은 위로를 속으로 하시는 걸 저는 다 듣습니다.

– 엄니… 이제는 웃어도 돼요. 나… 이렇게 씩씩하게 살잖아요. 다만 엄니만 건강하시면 저두 건강하니까 웃으며 살자구요.
– 이눔아, 애덜 모두 시집가면 어쩔 거여~
– 애이~ 엄니두… 요즘엔 딸년들이 더 잘 한다잖아요~ 마리아도 루시아도 모두 착해서 잘 할 거예요~ 그건 엄니도 알잖아요~

아직도 지워지지 않은 며느리의 향수를 차마 못 버리시는 건 내가 그미를 못 잊는 것보다
더 깊습니다.
오늘도 지난날의 며느리 이야기를 하시며

– 부모보다 먼저 가는 게 제일 불효라는 걸 그리도 얘기했건만…….

하십니다.

세상에 사노라면 누구나 이별이라는 것은 있게 마련이고

생로병사는 필연인 줄 아는데
우리 식구는 왜 그 뻔한 이치를 이토록 애써 외면하는지 모르겠습니다.

그래도 이렇게 잊지 못하는 그리움 하나를 간직하고 있음을 행복이라 생각 할 때가 더 많습니다.

다만… 부모님께서 더 큰 아픈 그리움이 병은 안 되셨으면 하지요.
못난 아들놈으로 하여 상심하시는 걸 더 깊지 않으시기를 기도하며
오늘도 열심히 운동하고 살찌는 음식 잘도 먹고 어머니 앞에 서서

– 엄니~ 나 체중도 너무 나가는 거 아냐? 아파트 올라오는데 숨이 가빠~
하며 나오지도 않은 뱃살에 힘을 주며 보여 드렸습니다.

2005.09.12.

인내의 행복

추석입니다.
장남인 나는 설을 지내고 추석은 둘째가 지냅니다.
제사가 아홉 번인데 삼 형제가 골고루 나눠어서 지냅니다.
동서끼리 서로 어려움을 알고 서로를 아껴가면서 살아가라는 아버님의 파격 분할입니다.

이번 추석엔 예비사위도 오고
저 멀리 멕시코에서 마약 중독 청소년들을 돌보시던
수녀님까지 오셔서 참 많은 식구들이 오랜만에 다 모였습니다.

우리 집은 참 별난 집입니다.
오 남매 중 수녀님이 둘이나 계시고
신부님이 되려던 막내는 신부서원 앞두고 수녀 되려는 사람들 낚아채어서(?)
결혼하는 파계(?)를 하고 지금 알콩달콩 잘 살고 있고
어머님은 팔순이신데도 아직 검은머리에 뜨개질의 명인이십니다.
한때는 쁘랭땅백화점에 납품하셔서 외국인들에게 아주 인기가 좋으셨던 시절도 있었지요.
아버님은 고집으로는 표준이셔서 한번 결정하시면 그게 나중에 틀렸어도 그냥 우기시는 못 말리는 청춘을 지금도 품고 계십니다. (크……. 이게 흉인지 자랑인지)

부모님이 이러신데 그 자식들이야 따라가는 것은 기본이고 며느리까지 닮아서 때론 헷갈릴 때가 종종 있습니다.

추석 차례를 지내고 모여 앉아서 사는 이야기를 나누는데 딸놈의 결혼 이야기가 주된 화제였는데 어쩌다가 〈그미〉의 이야기가 나오면
내 눈치를 살피다가 어색해지곤 하기를 몇 번…….
갑자기 큰제수씨가
– 아주버님 우리 술 한잔하지예~
– 아! 좋죠! 제수씨하고 술 한 지도 오랜만이네요~
한 잔 가고 두 잔 오고…….
– 아주버님……. 사는 게 재미로 사는 거 아니죠?
– 예~ 누가 재미로 삽니까! 그럼 재미없으면 죽으란 말입니까?
– 그러니까……. 행복해서 사는 것도 아니죠?
– 그렇죠~ 사는 사람이 다 행복하다고 할 수는 없지요.
– 그래요~ 슬프다고 사는 거 마감하는 사람도 없고 행복하다고 그 인생이 영원한 것도 아니지요……. 아주버님은 왜 사셔요?
– 네? 내가…….요? 모르죠……. 왜 내가 사는지 정말 모릅니다.
정말 내가 왜 살까요?
추석날 제수씨가 꺼내 놓은 삶의 화두는 지금도 오리무중

입니다.
갑자기 나를 술 속에 넣어서 휘저어놓고 제수씨는 깔깔 웃으며 취한다고 방으로 들어가 버립니다.

작은제수씨가 말합니다.
– 아주버님은 다 좋은데 아버님같이 한 가지에 너무 열중하는 병이 문제 같아요.
– 제가 무슨 한 가지에 그렇게 열중한 게 있습니까?
– 아주버님을 보고 있으면 보는 모든 사람이 불안해요.
– 전 열심히 살고 있는데…….
– 우리 모두 아주버님을 정말 사랑하고 있다는 것을 알아줬음 좋겠어요. 아주버님도 우리들을 사랑해달라는 거예요…….
– 저두 가족들을 사랑하는데요.
– 아니에요……. 아주버님은 단 한 사람만 사랑하고 있어요. 그러기 땜에 우리가 아주버님을 볼 때는 불안해요. 아주버님은 우리가 이렇게 불안해하는 걸 아세요?
– 몰랐습니다.
– 그것 보세요. 사랑하는 사람은 알 수 있어요. 우린 아주버님의 마음을 아는데 아주버님은 우리들의 마음을 모르잖아요! 그게 우리를 사랑하지 않는 거예요! 우리가 얼마나 아주버님을 사랑하는지 알았으면 해요. 그리고 슬픈

짝사랑으로 만들지 마세요…….

〈사랑한다는 말은 밤하늘의 별들을 한꺼번에 쏟아내는〉 것이라고 이해인 수녀님은 노래했는데 오늘 그 말을 뜻을 알 것 같았습니다.
취중의 큰제수씨 말이나, 작은제수씨의 말들이 모두 별빛 같은 사랑의 언어들이었습니다.
자기 아내의 훈계를 말없이 듣고 있는 동생들이나
두 며느리의 젖은 목소리를 눈감고 들으시는 부모님들이나
모두 나 하나만을 위한 간절한 사랑의 빛줄기였습니다.

언제면 이 사랑스런 사람들에게 아름다운 웃음을 안겨드릴 수 있을지…….
그게 마음먹기로 한다면 지금 당장 그렇게 하련만 서로가 따로따로 가려는 내 육체와 영혼이 합일하기를 거절하는 데는 방법이 없습니다.
그래도 제수씨에게 편지라도 해야 하겠습니다.

〈사랑하는 제수씨… 그렇습니다. 사랑하는 제수씨~〉

2005.09.20.

참 좋으신 님

님들의 따뜻한 성원과 축하로 큰애의 결혼식을
훌륭하게 마쳤습니다.
시간과 장소도 알려드리지 않았는데
용하게도 찾아오셔서 축하해 주신 님들도 계시고
핸폰으로 메시지를 보내주신 님들도 모두 모두 고맙습니다.

멀리 정읍에서도 오시고
영광스럽게도 청각장애인 남기윤 시인님도 오시고
시한부의 삶을 사시는 박병우 님도
온몸을 지팡이로 의지하며 오셔서 축하해 주셨습니다.

작은자매우애회의 수녀님도 오시고
제주도에선 밀감도 한 아름 가져오셔서
축하해 주셨습니다.

생각지도 않은 님들이 이렇게 많이 오셔서
전 몸 둘 바를 몰랐습니다.
저는 우리 님들께 축하의 메시지만으로도 충분해서
장소와 시간을 알려드리지 않았는데
정말 깜짝 놀랐습니다. 이보다 더 놀라운 이벤트는 아마
이 세상에 없을 거예요~

딸놈도 너무 너무 기뻐서 눈물까지 다 흘리더라구요~

이 많은 사랑을 어떻게 갚아드릴까요~
열심히 님들의 사랑을 위해 기도하는 일밖에!

고마운 마음 가슴 깊이 간직하며
딸놈이 힘들어할 때 지금의 이야기를 하며 용기를 줄 수 있겠습니다.

벅찬 님들의 사랑을 품고 딸놈은 필리핀으로 신혼여행을 갔는데 오늘 전화가 왔습니다.

– 축하해 주신 아빠 친구분들께 잘 도착했다고 전해주세요! –

2005.10.03.

사랑하는 나의 생활은

가을이 다 가고 삭풍이 가슴을 헤집고 들어와야
따뜻한 사람들을 기억하고 싶어지는 것은 정말
나만의 버릇일까…….

마음이 어수선하여 친구들과 정선으로 아우라지로 강릉으로 돌아다니다가
문득 맑은 하늘에 서늘한 시간이 머무는 것을 느껴서 경포대에서 바다로 누워 있는 소나무를 안고 눈물을 찔끔거려 봤습니다.

이리저리 바쁜 척 빈둥거리며(?) 돌아다니다가 이제 겨울바람이 눈가를 스치며 지나가니 눈물콧물 흘리며 주위를 바라보는 시간이 생겼던 게지요.
너무나 소홀했던 나를 아끼는 분들을 위해 내 자신이 아무것도 한 것이 없어 서러움과 미안함이 어깨를 덮습니다.

큰애의 결혼 준비를 함께 걱정해 주었던 분들도 아직 찾아뵙지 못했고
마음의 생채기로 힘들어 할 때 가슴을 안아 주었던 친구들에게도 전화 한번
못한 나는 참……. 염치없는 놈이었습니다.

청각장애 친구가 하루찻집을 연다기에 다른 친구들 모아들려고
전화로 메일로 초대하면서 얼마나 미안하던지…….
그래도 나를 친구라도 밉게 보지 않아 자리가 없어 돌아설
만큼 성황을 이루어 준 이 고마운 친구들에게 난 무엇을…
무슨 선물을 줘야 할까…….

아버님 생신이 오늘이어서 그동안 미뤘던 의치를 해 드리고는
그게 무슨 벼슬한 것처럼 방으로 들어오는 동생들마다 떠
들었으니
어디 나의 오만이 하늘을 찌를까!

예전엔 내가 잘못된 만용에 이를라치면
고운 웃음으로 나의 옷고름을 잡아 주던 그미는 지금 아무
말이 없고
삭풍으로 찡그린 얼굴에 굳어 가는 나이의 주름만 굵어집니다.

좋은 생각만 하고 친구 기분 좋은 일만 하면 얼굴도 환해진
다는데
나는 늘 어둡고 그늘진 곳만 쳐다보고 생각하니 좋은 얼굴
일 수가 없지요…

낙엽이 길 없는 곳에서 머물듯이
삭풍 따라 내 마음도 낙엽 쌓이는 모퉁이에서 이 겨울을 지내려나 봅니다.
몸 불편한 친구들은 말하지요.
– 당신은 나의 친구, 정말 좋은 친구–라고…….
하지만 나는 그들이 나에게 쏟는 마음의 십분의 일도 주지 못하고 있습니다.

이제는 전날의 그 아름다웠던 시간을 찾아야겠습니다.
그미와 함께이지는 못해도
나의 소중한 친구들의 마음의 언어를 찾는 일을 해야겠습니다.

훗날 그미를 보면,
–나……. 당신과의 시간처럼 이렇게 아름답게 살고 왔어요…….

여행은 아직도 끝이 보이지 않는데

하얀 눈을 찾아서 돌아다니다가…….
여행을 시작했습니다.
지워야 할 것들이 너무 많았기에 아무 말 없이 침묵의 여행을 했지요.
혼자서 가는 길이 무엇인가를 알고 싶기도 했고
가슴에 헝클어진 시간의 시신들을 묻을 장소를 찾아 떠났던 게지요.

눈 없는 황량한 강원도에선 나무마다 절망이 매달려 있었습니다.
나무들은 눈이 고파서 회색빛 나뭇잎이 떨어지지 못한 채 아우성치고,
강물은 해골을 보이며 바닥에 드러누워 있었습니다.
바람이라도 불면 상념의 시간들을 훑어내련만, 그마저 아주 깊은 잠에 빠져든 것 같아 눈 속에 가슴을 묻어 놓으려 했던 마음에 오히려 눈물만 가득 뿌려 주고 왔습니다.

구절리 여치카페에서 만난 이름 모를 아줌마는 맥주를 데워서 마시면서
〈좋아 보이는 아저씨와 마시니 세상도 좋아 보인다〉고 상아빛 치아를 보이며 웃습니다.

– 내가 좋아 보입니까?

– 팔자 좋게 보이니 좋아 보이지요~

– 이런 날 이런 곳에 오면 좋아 보이나요?

– 아무런 부담 없이 여행하는 사람이 좋을 수밖에요.

– 그럼 아줌마는 더 좋아 보이겠네요?

– 내야 천하에 부러울 게 없는 사람이지요. 애들 다 컸겠다 남편 걱정없겠다. 그저 내 하고픈 거 하면서 사는 사람이라 행복하지요

– 좋겠네요~ 걱정 없이 생활할 수 있으니

– 이 아저씨 보래이! 세상에 걱정 없고 상처 없는 사람이 어데 있어요? 누구든 자기 몫의 짐은 다 갖고 사는 것이라요! 그걸 그냥 공중에 날려 보내면서 사는 게지!

道(도)닦는(?) 아줌마에게 삶의 진리를 한 수 배우고 정읍에 시한부의 삶을 사는 친구에게로 갔는데, 그렇게도 목마르게 보고 싶었던 눈이 여기는 지천으로 쌓여서 친구는 그 몸으로 눈을 치우고 있었습니다.
창고가 무너지고 눈이 한 길이나 쌓여서 여기서는 눈과의 씨름이 한창입니다.

가슴에 묻힌 시간의 시신들을 하얀 눈 속에 묻으리라던 나의 목적은 사라지고 그렇게 또다시 신체의 장애와 눈과의

사투를 하는 친구와 사흘을 보냈습니다.
치워도 치워도 쌓이는 눈을 보며
〈어쩌면 이렇게 내가 날려 보내도 다시 찾아오는 그리움과 똑같을까…….〉
하는 생각만 가슴에 묻고 여행을 포기하였습니다.

지금은 비가 오고 있습니다.
아무런 신호도 보내지 않고 아주 조심스럽게 내리고 있습니다.
비가 그치려는 것인지 하늘을 보니 구름 사이로 별이 하나 고개를 내밀며 겨울처럼 웃고 있습니다.

언제면 나의 여행은 바람에 실린 꽃향기처럼 고운 웃음으로 떠날 수 있을까요…

2006.01.13.

기분 좋은 날 (1)

며칠 전 사위님에게서 전화가 왔습니다.
오랜만에 저녁을 같이하고 싶다구요.

겉으론 그냥 무심한 척 –"알았네~"
했지만 내심 기분은 괜찮았지요.
"흠……. 녀석하고는……. 잊지는 않았나 보군–"

그날이 오늘입니다.
요리도 제대로 못하는 딸년이 차려 준 음식이
오늘은 옛 솜씨가 아니었습니다.
몇 달 사이 어떻게 배웠는지 제법 맛있게 차렸더군요.

사위와 주거니 받거니 얼큰하게 한잔하고 있는데
옆에서 지켜보던 딸년이 한마디 합니다.

"아빠~ 우리 아빠랑 살고 싶다~"
"머야? 내가 느그한테 끼어 살라고?"
"아니~ 우리가 아빠한테 끼어 살려는데?"
"야~ 나는 싫다~ 내가 왜 귀찮게 니덜하고 사니? 아라서야~"

말은 그래도 난 가슴에서 올라오는 뜨거운 걸 숨기느라 혼이 났습니다.

그런데 요놈이 또 딴소릴 합니다.

"아빠~ 우리 애기 낳으면 아빠가 좀 봐 줘요~네?"
"엥? 내가 어떻게 보니? 니 시어머니께 부탁해야지~ 별 일이네~"
"아빠는 애기 잘 보시자나~ 애기 보는 값 드릴께~ 응?"
"얌마~ 니 무슨 심뽀로 그런 말하냐?"
"좋잖아~ 아빤 손주 보고 싶어 하니 좋고 우린 아빠하고 사니까 좋고! 아빠~"

허참……. 이럴 땐 뭐라구 해야 하지요?
기분이 야릇하다는 말을 이런 데 쓰는가 봅니다.

"야~야~ 아서라~ 쓸데없는 애기말구 너희들이나 쌈박질 말구 잘 살어라~"
"아빠가 있음 싸울 일도 안 싸우고 잘 살 텐데…….치~"

이것 참……. 진실인 것두 같고 그냥 해 보는 소리인 것두 같구……. 헷갈립니다.
그래두 이렇게 적극적인 말을 들으니 해 보는 소리일망정 기분은 아주 좋습니다.

홀애비의 마음을 자꾸 헤아리는 것 같아 한편으로 가슴이 아립니다.
이것들이 평소에 얼마나 애비를 생각했으면
이런 연극(?)까지 하나… 생각하니 괜히 신경질도 납니다.

"짜아식……. 아빠는 너희들이 잉꼬 되어 백 년 사는 게 소원이다. 먼저 헤어지지 말구 오래도록 살다가 한날, 아니면 하루 이틀 사이로 〈소풍〉 마치는 게 소원이단 말이다.
그러니 그렇게 사는 것만 생각하면서 살아라~ 알것냐?"

"어쩌면 그렇게 살아요?"
"서로를 극진히 사랑해라. 사랑은 바라는 것보다 주는 것이 행복하잖니?
바라는 마음을 없애고 주기만 하려고 노력해라. 예수님의 사랑을 실천은 못 하더라도 너희 둘은 그렇게 할 수 있을 꺼야.. 아빠가 너희를 사랑하는 것처럼 너희도 서로 그렇게 사랑해라."

버스에 몸을 싣고 흔들거리며 귀가하는 동안 노래가 절로 나왔습니다.
아마 버스의 손님들에게는 내가 한낮의 취객으로 보셨겠지요?
후아~! 그래도 기분은 너무너무 좋습니다!
– 허~ 그놈 참… 이제 어른이 되는 갑네… –

기분 좋은 날 (2)

하하하 기분이 참 좋은 날입니다.
부모님께 지은 죄가 많지만, 그래도 웃는 모습 보여 드리려고
숨은 듯 뵙고 오는 날이 한 달에 한두 번 정도라서
불효한 자식은 몸무게나 축나지 않으려 애를 쓰며 다니는데
오늘 어머니가 전화를 하셨습니다.

"얘야~ 마리아가 택배를 보내 왔다!"
기쁨에 들뜬 목소리가 와병 중이신 목소리는 분명 아닙니다.
"멀 보냈는데요?"
"전복죽이랑 호박죽이랑 깨죽이랑 야~야~ 말두 못한다!"
"그래요? 그럼 맛있게 드세요."
"여기 편지도 있네~"
"뭐라구 했는데요?"
"음~ 잘 들어 봐라~
–할머니, 제가 정성들여 만든 거니까 맛있게 드세요~
자주 문안드리지 못해서 죄송해요~
하지만 할머니가 건강하셔야 아빠가 좋아하시니까 아빠를
생각해서라도 맛있게 드시구 건강하세요.–

원래 요놈은 밥 짓는 것두 잘 못했습니다.
시집을 가서도 어떡허나……. 걱정이 태산이었는데

할머니를 위해서 죽을 지었다니요!
난 하얀 세월 오도록 부모님 걱정만 드리는 불효자인데
아뿔싸! 요놈이 내 대신 효녀노릇을 합니다.

아침마다 어머니는
"밥 먹었냐? 이 어미 생각해서라도 한 끼라도 거르면 안 된다~"
누가 누구를 염려하는지 모를 시간들을 나는 보내고 있는데
딸놈이 아빠에게 행복마루를 깔고 있습니다.요놈을 키우면서
사업을 한답시고 껍죽대다가 길바닥에 팽개치는 아픔도 주고
별거 아닌 것 가지고 야단도 많이 치고
사춘기 땐 그 여린 가슴에 상처도 많이 줬건만
요놈은 지금 애시당초 그런 일은 없었던 것같이 살고 있습니다.
전화를 받는 내 눈엔 자꾸 물기가 번집니다.
–짜~아식……. 미안코 고맙다 임마…….
벌써 요놈은 아빠가 무엇이 제일 기뻐하는 일인지 간파했습니다.
난 아직 고맙다는 말을 전화로도 하지 못했습니다.
…….여우 같은 놈…….

사둔과 술 한 잔

세월 빠른 줄 정말 이제 실감했습니다.
큰애 이름을 "마리아"라고 내가 지어 주었는데, 예수님의 어머님처럼하느님의 말씀에 순종하고 자신의 일에 굽히지 않는 신념을 갖고 살라는 뜻이었습니다.

요논은 아빠의 희망대로 삶에 순종하여 옳지 않은 일에 굽히지 않는 아름다운 숙녀로 자라서 사랑하는 사람을 만나 아빠의 좋은 님들의 따뜻한 축복 속에서 시집을 갔습니다.

얼마 안 되는 시간이었지만 그 사이 요논은 타고난 고집으로 해서 잠깐 동안 시집과 서먹한 일들이 있다는 말을 듣고 애비의 가슴은 가뭄 든 논바닥이었습니다.

"아빠! 시부모님이 아빠하고 저녁식사나 하시자는데?"
〈어이쿠! 요논이 무슨 일이 있길래 사둔집에서 날 보시려나…?〉
"얌마! 너 무슨 일 저질렀냐?"
"아빠느~은? 내가 일 저지르는 사람이유?"
"시부모님과 화해는 됐냐?"
"이~그~ 아빠! 내가 누구유? 거정 말이요~ 전보나 더 잘 해주셔~어~"
"알았다… 어디루 가냐?"
"저희 집에 저녁 4시까지 오셔요~"

가슴은 꼭 꾸지람 들으러 가는 아이처럼 오그라들었지만 요놈 기 안 죽이려고 목욕하고 이발하고 머리엔 약간의 코팅도 하고 구두도 윤나게 닦고 옷도 새로 다림질하고 해서 딸기 한 상자 사 들구 밝은 얼굴을 하려고 MP3를 귀에 꽂고 흥얼거리며 갔지요.

"아가~ 아버님께 첫잔 술은 네가 따라 드려라~"
"아이구~ 아닙니다~ 사돈어른 먼저…"
"아닙니다. 따님 보내고서 마음도 허전하셨을 텐데 먼저 드십시요~"
"덜 키워 보내서 많이 힘드시지요~?"
"아가가 참 예쁩니다. 고집이 좀 있어서 그렇지만 현명하고 착해서 주위에서도 며느리 잘 뒀다고 아주 부러워합니다. 이쁘게 키워주셔서 감사합니다."
"저두 멋진 사위 부럽다고 많이 하지요. 그저 주위에서 얘네덜 보는 것처럼 즈그덜끼리도 그렇게 잘 살아야겠습니다."

안사돈 바깥사돈… 주거니 받거니… 그러다 보니 어허~! 취한다…

"사돈어른… 그저 요것덜 서로를 위하는 마음, 사랑하는 마음이 시들지 않도록 부디 잘~이끌어 주십시요~"

"잘 살고 못 하는 게 돈이 아니라는 것을 잘 가르쳐 주십시요~"
"사랑하는 게 아니라 사랑 받고 싶어 해야 한다고 가르쳐 주십시요~"
술이 가슴 속의 강으로 흐르니 갑자기 슬픔이 넘실거리려고 해서 일어섰습니다.
버스를 탔다가 다시 내려서 성산대교 밑 무지개다리 공원으로 갔습니다.
봄이 반은 지났는데 아직도 마른 갈대가 흐느적거리고
강물은 불빛에 기쁜 눈망울을 돌립니다.

안쓰러움과 안도의 기류가 불연속선이 되어 머릿속을 휘젓습니다.
그미가 웃습니다.

– 걱정 마세요. 마리안 잘 할 거예요. –

2006.04.16.

설운 맘의 이야기

긴 그리움의 시작이었을 때
날마다 그리움 때문에 기쁨은 늘 포만이었습니다.
이제는 그만 그리워하자며 아름다운 웨딩드레스를 입었지요.
이쁜 딸 둘을 얻은 환희를 우린 행복이라 불렀습니다.

죽어서도 죽지 않으리라.
사랑을 앞세우며 죽지 않으리라며 세상에서 가장 아름다운 것은 사랑하는 사람을 위하여 음식을 장만하는 사람의 모습이라 말하면서 하얗게 웃었습니다.

그 하얀 웃음이 너무 고와서 우린
달콤한 입맞춤으로 서로의 가슴에 행복을 보내며
밤의 달빛에 하느님을 찬미하고
햇볕 사이로 부는 바람이 우리들 웃음소리를 싣고 다녔습니다.

봄이 깊으면 여름이 오듯이
아름다운 시간에 장마철이 다가왔습니다.
차라리 아픔의 시간이 길기나 했으면 좋으련만
작은 소홀함으로 이별이 준비되고 있는 줄도 모르고
창백한 마음의 서러움은 끝내 하늘로 날아오를 준비를 하고 있었습니다.

겨울의 끝자락 2월
진눈깨비 흩날리던 그날,
아직은 따뜻한 미소 한 조각이 가슴에 남아 있을 시간인데
그미는 세상세서 가장 사랑하는 사람을 잊으려고 떠납니다.

다시는 오지 않게 되어 미안하다며
그러나 너무 사랑한다고
하얀 웃음 다시 웃으며 떠납니다.

그미의 웃음처럼 하얗게 변해버린 살 가루에 날개를 달아 주려고
양수리 강변으로 갔습니다.

작은 나뭇잎 조각배를 타고 천천히 천천히 가다 보면
그미가 서해를 돌아 남해 바다에 도착할 즈음엔
나도 그 바다 위에서 그미를 기다리고 있겠지요.

상아빛 치아를 보이며 활짝 웃던 모습이
다시는 볼 수 없는 아픔으로 괴롭겠지만
아름다웠던 우리들의 사랑은 영원한 이야기로 남겠지요.

당신을 사랑해서 내 삶은 아름다웠고

당신을 사랑해서 난 행복했습니다.
그리고 죽어서도 사랑한다는 그 말을 나는 지금도 굳게 믿고 있습니다. 여보-

2006.07.10.

애비, 그 살가움

큰애한테서 전화가 왔습니다.
– 아빠! 시어머니가 유방암이래……. 어떡해–

가슴이 덜컥 했습니다.
〈이거 큰일이네, 시집간 지 얼마 되지도 않았는데… 돌아가시면 어쩌나…….〉

파스칼이 말했던가요?–
〈인간은 갈대와 같다. 한 방울의 물방울로도 넉넉히 죽일 수 있다.〉
나 또한 갈대를 비켜 갈 수 없어서 마음은 큰놈의 앞날을 걱정하면서 고명아들 며느리로 들어가서 딸놈 고생할 거라는 생각이 먼저 들어 마음이 바빠졌습니다.
하던 일 뒤로 미루고 택시를 타고 병원으로 달려갔지요.

환자의 손을 꼭 잡고 기도를 하는데–
– 예수 마리아 요셉이여, 당신의 딸 마리아를 어여삐 여기시어 이 분의 환부를 깨끗이 낫게 하여 주소서. 예수님, 전능의 손을 펼치시어 자리를 떨쳐 일어나는 은총을 내리소서! –
바깥사둔은 병원 밖 차 타는 곳까지 마중 나오면서 내 손을 잡고 연신 고마워했습니다.

사람의 마음이란 게 이렇듯 이기적이란 것을 그때는 정말 몰랐습니다.
그래도 참으로 간절한 마음의 기도가 닿았는지 수술은 항암 치료도 받지 않을 만큼 아주 잘 끝났다고 합니다.

아직은 살림에 서투른 애가 마음고생은 여간 했었던지 얼굴이 반쪽이었습니다.
입원 중일 땐 아침저녁으로 음식을 나르고 간호를 하고, 직장을 다니고 하던 게 고생이었겠지요.

하느님의 은총으로 수술도 잘 끝나고 신경 써 줘서 고맙다는 인사까지 받고 난 지금도 아직 나는 감사의 기도를 못 올렸습니다.
모든 일이 그렇듯이 나는 앞의 일만 보면서 살아왔던 게 지금에서 후회스럽습니다.

그미와의 일도 그렇습니다.
내 일이 바쁘고 내가 하는 일이 다 잘하는 것이라고 벅벅 우기면서 살다가 이렇게 된 것이라는 걸 이제서 알게 되는 늦둥이입니다.
애들이 아빠의 잘못된 생각을 말해도 난 〈니들이 나를 알어?〉 하는 생각으로 살아왔던 것이지요.

난 이기적이고, 독선적이었습니다.
〈식구들보다 타인에게 더 친절하다〉는 아이들의 말을
〈너희들이 장애인이라면 너희들에게도 그럴 꺼야, 아빠라기보다 타인이 좋아?〉
라며 받아 넘기곤 했습니다.
〈차라리 장애인이라면 좋겠다. 그러면 아빠의 관심과 사랑을 받을 수 있을 거잖아.〉라는 말을 들을 때도 있었습니다.

사랑이란 것은-
마음에서 멈추는 것인가 봅니다.
내 심장까지도 다 내어줄 그런 사랑을 나는 갖고 있다고 생각했는데, 결국엔 서로를 바라보며 〈이별의 인사〉만 하고 말았습니다.
아무리 깊은 사랑을 한다고 해도, 지금 그 사랑을 펴 주지 못한다면 훗날 가슴에 남아 있는 사랑의 멍울이 핏빛으로 물든 강물이 되어 심장 한 켠을 흐르게 된다는 것을 그때는 몰랐습니다.

나는 지금도 그미를 사랑하고 있지만 그것이 소용없는 일이라는 것을 사둔의 수술로 알았습니다. 이 지독한 외로움의 사랑을 왜 그 좋던 날에 마음껏 펴 주지 못했을까요.
작은 미풍에 나뭇잎만 흔들려도 생각나는 그미의 웃음을

잊지 못하는 서러움도 사랑이라고 우겼었는데 그것은 집착이었나 봅니다.
그래도 그것은 고운 집착이라고, 그것마저 없다면 나는 껍데기만 남을 거라며, 이 글을 쓰면서도 우기고 있습니다.

어언 잊을 날의 세월도 가고, 가끔씩 꿈에서 웃는 얼굴은 행복한 모습인데 나에게 남아 있는 시간이 얼마나 될는지 모르지만 잊히는 시간에 나도 떠났으면 좋겠습니다.

오늘은 미뤄두었던 기도를 해야겠습니다.
〈나를 행복하게 했었던 그미를 제게 주셔서 감사합니다.〉
〈나에게 곱고 이쁜 딸들을 주셔서 감사합니다.〉
〈나를 사랑한다는 것을 새겨 주셔서 감사합니다.〉
〈내가 사랑할 사람들을 보내 주셔서 감사합니다.〉

〈나의 기도를 모두 들어 주셔서 감사합니다.〉

2006.09.05

달이 참 밝다, 그지?

해마다 보내는 한가위의 달빛은 여전히 그대로일 텐데
오늘 가슴에 내리는 빛줄기는 서리마냥 춥습니다.

큰애는 시집에서 보내야 한다고 이삼 일전 미리 와설랑 밥 한 끼 뚝딱 먹고는 명절 쇤 걸루 하라 그러고
작은애는 얼굴도 오랜만에 보았는데 명절날 절 한 번 꾸뻑 하고 바쁘다며 훌쩍 날아가 버립니다.

머나먼 이국 멕시코에서 부랑소년 길들이는 동생 수녀님은 인편으로 편지 한 장 달랑 떨구고 대구의 작은 수녀님은 안쓰러운 듯 내 얼굴만 쳐다보다 한숨만 휴~ 하고 돌아섰습니다.

동네 밖 사람들은 명절에 만났다고 떠들며 웃는 소리가 진동한데
우리 가족은 이렇게 내 눈치만 보면서 어쩔 줄을 모릅니다.

내가 죄인인 것은 알지만,
어찌 합니까… 웃으려고 얼굴을 펴면 나보다 더 방긋 웃는 그미가 다가오는 것을
낸들 어떻게 지우란 말입니까…

아무도 내 앞에선 그미의 이야기를 하지 못합니다.
지나간 일들을 꺼낸다는 것은 또 다른 아픔이 되기에 내가 절대로 꺼내지 말라고 했지요.

그런데 정작 나는 아직도 지난 시간에 머뭇거리고 있습니다.
지극히도 사랑했던 그미의 시간들을 나는
아무리 용을 써도 잊을 길이 없습니다.

여자 친구들은 이해가 안 간다고 하고, 남자 녀석들은 〈돌아이〉라고 놀리지만
그미를 너무 닮은 큰애를 보고 나면 나는 집에서 혼자 울고 맙니다.

어느 가을날 한라산에서
억새풀이 휘파람 소리 내는 것을
사랑하는 모습으로 서로의 몸 부딪는 웃음소리라 하며 웃었습니다.

한가위 하늘 가득 덮인 달을 보며
우리의 사랑도 저렇게 차올라 다른 이들에게도 비추리라 했습니다.

그리고-

이런 말도 했지요.

– 어둠이 있어서 달이 있는 걸까?

– 아뇨, 달이 있어서 어둠이 있는 거예요.

– 왜 그렇게 생각해?

– 늘, 사랑이 먼저니까요.

– 달이 참 밝다, 그지?

– 당신의 사랑 같애요.

2006.10.06.

나는 세상 둘도 없는 불효자입니다

며칠 전 아버지 생신을 맞았습니다.
여느 때 같으면 집에서 법석을 떨며 준비하고 마음 설레며 부모님께 갔을 일들인데 둘째는 회사감사라고, 셋째는 바쁘다는 이유로 자리를 함께하지 못했습니다.

어두운 모습 감추려고 웃으며 들어서는 나를 어머니가 먼저 찔끔 거리십니다.
– 이눔아, 밥은 먹고 다니는겨?
– 에이~ 어머니도… 다 큰놈이 굶고 다니겠어요? 별 걱정 다 하시네…
– 이눔아, 혼자 있으면 자연 게을러지는 겨~ 한 끼도 굶으면 안댜! 몸 상하는 건 순간이여~
– 아이~ 엄니! 애 엄마 있을 때보다 더 잘 먹고 다녀요~ 이봐요! 살쪄서 병날까 두려워요~
– 이그~ 잘도 살쪘다…

사실 매번 부모님을 뵈러 갈 때 어머니는 내 얼굴부터 보십니다.
그래서 걱정하실까 봐서 억지로라도 살찌는 음식을 먹습니다.
그래도 어머니 보시기엔 전보다 못한 얼굴로 보이시는가 봅니다.

아들 삼 형제에 딸 둘을 수녀님으로 키우시며 그래도 장남인 나를 가장 사랑하셨지 싶은데
그놈이 이렇게 허둥대는 삶을 사리라고는 생각 못 하셨지요.
근데 그게 어디 제 맘대루 되는 일입니까?

사노라면 가장 믿었던 일이 가장 실망을 하게 되는 경우가 있잖습니까…
검은 머리 파뿌리 되도록 살자하던 그미도 그랬던 것 처럼요…

아무도 참석하지 않은 생신엔 아마도 내 탓이 크리라고 짐작은 합니다.
늘 모이면 내 이야기로 시작하다가 끝에는 나의 짜증으로 끝이 나니 누가 내 얼굴을 보려고 하겠습니까.

– 너 정말 혼자로 늙을 거냐?
– 엄니~ 내가 왜 혼자예요? 마리아도 있고 루시아도 있고 부모님도 있잖아요!
– 이 미친 놈아~ 이젠 정신 차릴 때도 안 되었냐? 5년이면 잊을 만도 하잖냐!
– 엄니… 나 있잖아요~ 정말 안 돼요… 애 엄마만큼 사랑할 사람 없어요. 사랑하지 못할 사람 데려와서 왜 불행하게 만들어요~ 지금 불편한 거 없구요~ 나, 자알 있으니

까 걱정 마세요~

아버지는 그저 부지런히 식사만 하시면서 가끔씩 텔레비전만 쳐다보십니다.
말은 안 하시지만 저는 압니다. 기대하던 녀석이 혼자 덩그마니 앉아 있는 모습에 눈물을 감추고 계시는 걸…

결국, 끝 기도는 아버지가 하십니다.
〈자비로우신 하느님, 당신이 사랑하는 이 아들을 위험 중에 보호하시고, 모든 일에 용기를 잃지 않게 하여 주시고, 자신이 처한 시간을 현명한 처신으로 하느님의 뜻에 이끌리는 사람이 되게 하여 주시고, 사랑할 수 있는 사람을 사랑하게 하여 주소서…〉

2006.12.11.

다시 부모님 품으로-

그미가 떠나고,
아이들도 사랑하는 이와 함께이게 된 후에
집과 가슴 속엔 혼자인 것을 비로소 알게 되었습니다.
아침저녁으로 그미가 나의 단잠을 깨우던 시간이 사라진 날부터 어머니가 그 역할을 대신합니다.
아이들이 깨우진 않았지만, 그래도 옆에 있다는 것만으로도 위로였던 것을 요것들이 떠난 후에야 〈참 큰 힘〉이었다는 것을 알았습니다.

– 일어났냐?
– 밥은 먹었냐?
– 제때에 밥은 꼭 먹어야 한다!

– 알았어요~ 엄니! 밥은 꼭 챙겨 먹으니까 걱정 마세요~
– 에이참! 한 끼 안 먹는다고 죽나지 않아요~ 엄니나 건강하세요!

– 이눔아~ 내 새끼 한 끼 굶는다고 생각하면 에민 가슴이 무너진다 이눔아!
– 알았다니깐요~안 굶은 테니 협심증치료나 잘 하세요~ 엄니!

이런 꼭 같은 대화가 정말이지 하루도 안 빠집니다.
그런데 이상한 것은 꼭 같은 말이 반복되는 대화이지만 매 번 처음 듣는 기분이 듭니다.

그러시던 어머니가 요즘은 이삼 일 자꾸 걸러서 전화가 옵니다.
누구보다 안타깝게 여기는 〈참 소중한 아들〉의 안부를 이렇게 띄엄띄엄 묻는 것은 예전만 못하신 어머니의 건강 때문인 것 같습니다.
이런 불효자식이 세상 어디 있겠습니까!

못난 자식녀석이 혼자 저리 천방지축 돌아다니고 있는 꼴을 보는 부모마음이야 어찌 제가 만분의 일인들 헤아릴 수가 있습니까!
다른 말씀은 안 하시지만, 하루에도 몇 번씩 손수 지으신 밥을 먹는 아들을 보는 게 아마 소원이실 것인데 잘난 아들 눈치 보느라고 그저 마음만 조리고 계셨을 것입니다.

그미를 보내고, 큰놈을 시집보내고,
작은놈 외국으로 떠난 후,
아무리 전화로 〈아빠 나 정말 잘 있어~ 그러니 아빠 건강해야 돼~〉
하는 전화를 수십 통 받지만 전화 받을 때마다 눈물이 나는데,

하물며 다 큰놈이 혈혈단신으로 활개 치며 돌아다니는 꼴을 보는 부모 마음은 말을 안 해서 그렇지 천 갈래 만 갈래일 것입니다.

그저-
황혼의 부모님께 알콩달콩 신혼처럼 자식들 간섭 안 받고 두 분이서 편히 사시라고 한 것인데, 그게 아닌가 봅니다.
부모 품 안에 있는 자식이 부모님 마음 제일 편하게 한다는 것을 모두가 떠난 지금에야 알았습니다.

=엄니~ 나 있잖아, 엄니하고 살래. 엄니가 해준 밥이 젤루 맛있어서 안 되겠어. 엄니하구 얹혀 살아두 돼?
-에구~ 내새꺄~ 얼릉 오너라~ 잘 생각했다. 네가 있을 방 치워 놀껴~ 에구 착해라 내 새끼~

짐정리하구 엄니 맘마 더 먹구 살랍니다…

2007.06.19

사랑하는 내 딸 마리아에게-

좀 어떠니?
요즈음 세상이 하도 돌발적인 일들이 많아서
하룬들 편한 시간을 갖기가 버거울 때가 있구나-

하루에도 몇 번 씩이나 마리아를 쳐다보기도 하고(네 결혼 사진) 중얼거리며
이야기도 하지마는 그게 어디 차기나 할라구…
네 목소리를 들으면 저승 가다가도 되돌아올 것 같은 이쁜 마리아지만
무엇인지 미안하기만 하구나.

그래도 마리아-
이제 환갑을 목전에 두고 이제껏 살아온 생을 스스로 나무라는 일은 하지 않기로 했단다.
아내에게 미안하고 자식들에게 미안한 것들은 어쩌면 내 스스로 만들었는지도 모르지-
하지만 아빠 후회 없이 사랑하며 살았다고 말할 수 있다.
내 모든 것을 바쳤지만 때론 서로에게(자식들에게도) 상처를 내면서 살았지만 정말 후회 없이 사랑했다고 말한다.

외로움이란 아무도 사랑할 사람이 없음이다.
악천후가 계속되는 것보다 맑은 날이 계속되는 것이 더 견

디기 힘든 법이다.

네가 살아가면서 있는 힘을 다하여도 점점 더 힘들어질 때가 반드시 온다.
하지만 그 시간이 늘 좋은 일만 있을 때보다 더 현명한 생각이 많이 떠오를 것이다.
항상 편하다면 그게 정말 편한 것인지 모르잖니?
깊은 골짜기에 핀 들꽃이 향기가 짙듯이 늘 햇볕 보고서야 피어나는 나팔꽃은 저녁이슬이 내리기도 전에 져버리고 말잖니…

인생의 끄트머리에서–
나를 따르라는 말은 할 수 없지만
궂은날을 피하려 하지 말고 맞서 싸우라는 말을 하고 싶어서 이 글을 쓴단다. 마리아–

행복이란 것은–
어떠한 환경에서도 사랑의 끈을 놓지 않고 비바람에 맞서고 태양에 살갗도 태우는 법을 잊지 말아야 네게 머물게 된다는 것을 알렴.

전에는
〈내가 너를 사랑하듯 너도 나를 그렇게 사랑해〉야 된다고 알았는데 그게 아니었다.
사랑이란
〈사랑하는 사람에게 이쁘게 보이려고 아부〉하는 것이란 것을 밑바닥에 두어야 한다는 것을 알았다. 이제야…

지금-
아빠 모든 것을 다 털어 버리고 나서야 그 의미를 깨달았지만,
그래두 다행이다~ 죽기 전에 깨달아서…

네 가정을 위해 기도하겠다.

〈매일매일 마리아 너의 집안에 성공과 기쁨과 행복이 연속될 때에만 하느님이 자비하시다고 생각하지 말게 하시고
거듭되는 실패와 고통 속에서도 하느님이 마리의 손을 힘껏 쥐고 계신다고 감사 찬미 드리며 사는 사람이 되게 하소서.〉

2007.08.08.

-세상에서 제일 마리아를 사랑하는 아빠가…

참 사랑을 알아 가는 마리아에게-

네가 준모를 사랑하는 마음이 아빠가 널 사랑하는 마음이라는 걸 이제 알고 있지?
네가 준모에게 붓는 사랑이 무조건이듯 사랑이란 그렇게 그냥 붓는 것이다.
그 사랑이 네 남편에게 향한 것이 또한 〈사랑한다〉는 말이 되는 것이란다.

사랑이란…
네가 준모에게 향한 것처럼, 모든 열정을 다하지만 보람 없이 자꾸 아프고 울고 속상하게 할 때 준모가 한번 씽긋 웃어주는 것만으로 행복해지는 것이란다.
그렇게 사랑이란 대가없이 행복을 가슴에 품는 것이고 때로는 아픔이 가슴 깊이 박힐지라도
그 자체가 행복의 시간으로 머물게 하는 것이 사랑이란다.
가끔씩은 사랑이 절망에 이르는 아픔도 가져오지만 사랑을 바꾸지는 못한단다.
천지가 바뀌어도 네가 아빠의 딸임을 바꿀 수 없는 것처럼 태양이 타 없어질 지라도 바뀌지 않는 게 진실한 사랑임을 잊어서는 안 된다.

아빠가 마리아와 루시아를 사랑하듯 엄마를 사랑하는 마음은 변함없다.
하지만 파도가 부서지듯 사라져간 반쪽은 아빠의 가슴에

잊히지 않지만 흩어진 연기를 다시 모을 수 없듯이 지금은 그냥 아름다운 사랑의 계절로 남아 있단다.

〈가정은 행복을 저축하는 곳이지 채굴하는 곳이 아니다. 서로 얻으려고만 하는 가정은 늘 불안하고, 주려고만 하는 가정은 늘 화목하다. 하루에 조금씩 가정에 행복을 저축하자.〉
옛사람의 글인 채근담의 말이다.
멋지게 태어난 준모가 있고 성실한 남편이 있고 널 사랑해 주는 시부모님이 계시니 마리아는 참 행복한 아이다. 그지?

그러나 〈언제나 행복〉은 없다.
고산 지대에는 홍수가 없는 대신 산소가 부족하고,
습지에는 고운 풀 나무들이 자라지만 항상 위험이 도사린다.

지금 행복하다고 늘 행복할 것이라고 믿지 말며
불행이 왔다고 혼자 절망에 빠지지 말 것이다.
너를 지지하는 아빠가 있다는 걸 잊지 말고 항상 앞날의 멋진 삶을 만들어 가거라.

이 세상이 아니면 저 세상에서라도 널 지지해 줄 터이다.
널 사랑하는, 그리고 너로부터 사랑 받기를 원하는 아빠가–

2008.05.23.〈준모 백일에〉

내가 사랑받고 싶은 나의 딸 마리아-

성모성월의 5월이 생각도 하기 전에 훌쩍 가 버렸구나.
올해는 많이 덥다니 벌써 걱정이 앞서네?

네가 결혼식을 한다는 게 믿기지 않았고
아무 것도 너를 위해 해줄 것 없는 초라한 내가 너무 미웠지만
어떻게 결혼식을 지냈는지 아직도 실감이 안 나는구나-

뿌듯함과 기대감과 미안함과 허전함이 서로 얽혀서 지금도
너를 보면
가슴이 아려오는구나-

그래도 튼튼한 준모를 보며 모든 근심과 아픔들이 바람처
럼 사라지는 것을
보면 우리 준모가 여럿을 힘내게 하는 행운아임이 틀림없
나 부다.

시간이 흐르다 보면 마리아
서로의 눈 속과 마음을 보게 되겠지?
그 마음을 보게 될 때까지는 작은 다툼도 아픔도 있을 거야-
결혼 생활이란 게 쉽지 않은 행복에의 첫 약속이란 걸 잊지
말기 바란다.

언젠가 말했지만
사랑은 〈당신에게 아첨하기〉위해 생겨난 단어라는 것을 기억하렴.
역설적이지만—
가장 가까운 사람에게 상처받게 되는 것이고
가장 사랑하는 사람이 가장 미운 것이란다.
그리고
사랑하는 사람에게 〈칭찬〉받기를 좋아하고
사랑하는 사람에게 위로받기를 원한단다.
어느 누구에게서 따뜻한 눈을 보는 것보다
사랑하는 사람에게서 받는 위로의 눈동자는 세상에서 가장 신 나는 일이라는 걸 기억해 주기 바란다.

그렇다면,
네가 가장 사랑하는 사람은 누구지?
네 남편… 그리고 준모… 그지?
그들은 언제나 네 작은 미소로 기뻐하고 황홀해 한단다.
준모는 언제나 품에 안고 있으면 좋아하고
귀가하는 남편을 가슴으로 안아 주면 하루의 피곤이 씻은 듯 사라질 거야…
이러한 일들이 쉬울 것 같지만 하루도 빠짐없이 한다는 게 쉬운 일은 아니란다.

아빠의 인사법은 만나는 사람마다 포옹하는 것이라는 것을 알지?
서로의 가슴이 닿는다는 게 얼마나 벅찬 일인지 모른단다.
장애우 친구들이 처음엔 그렇게 인사하는 아빠를 자신들이 〈불쌍〉해서 그러나 보다 했단다.
그러나 다른 비장애친구들과도 똑같이 하는 것을 보고
아빠를 〈존경〉하게 되었다는구나……. ㅎㅎㅎ

내가 마리아에게 꼭 보내 주고 싶은 것이 있다면
〈어떠한 경우나 위치에서도 서로 사랑하는〉것이란다.
네 가슴에 참으로 〈진실한, 참으로 진실한〉 사랑이 늘 머물기를 간절히 간절히 기도한다.

끝없는 절망에서도 희망을 얻는 것은 〈사랑〉하는 사람이 있다는 것이다.
그 〈사랑〉을 마리아는 놓지 않기를 기도한다.

아무 것도 행복을 대신하는 것은 없단다.
돈이 많아도, 평수 넓은 집에 살아도, 친구가 많아도, 유명인사가 되어도 행복은 거기 있지 않다.
행복은 〈사랑하는 사람과 함께하는 가정〉에서 〈건강〉하게 사는 것이다.

마리아는 현명하니까 잘하리라 믿지만
거울 속에 보이는 늙은 녀석의 걱정스런 잔소리가 맨날 네게 얘기하게 만드는구나.
이거……. 치매시초 아냐…….?

그래두 네게 핀잔이라두 받으면 기분이 좋다―
〈봐라~! 나두 날 생각해 주는 딸놈이 있어~!〉

안아 준다는 것… 그것보다 더 따뜻함이 있을까?
사랑한다는 말보다 눈빛 마주 보며 안기고 싶은 게 사랑하는 사람들의 깊은 마음이란다…….
좋은 밤 좋은 꿈꾸어라…….

2008.06.01.
―네게 사랑받고 싶은 아빠가…

생일 선물

딸기뇬이 어느 날 느닷없이 〈아빠! 갖고 싶은 거 있어요?〉 하길래 "음… 기계식 시계를 사고 싶다"고 지나가는 말처럼 했더니

생일날 선물이라며 내민 게 세이코 자동 시계다. 얼마냐고 묻지도 말고 따지지도 말라면서…….

그래두 하도 궁금해서 종로 주얼리 시티를 지나는 길에 같은 모델이 있길래 들었더니 96만 원…

〈암튼 기분은 좋지만 미안하고 고맙다고 했더니 딸기뇬 하는 말…… 〉
〈엔간히 갖고 싶으셨나 부죠? 잘했다는 말을 그리 애끼더니……〉

〈글타 이쁜 것아! 허허허…….〉

어쨌거나 요즘 팔이 무겁다… 자꾸 왼쪽으로 기울어져 가니 팔을 올리느라 왼쪽 팔뚝을 사람들에게 보이게 된다.

이건 절대루 시계 자랑하는 거 아니다. 다만, 팔이 자꾸 왼쪽으로 기울어져서 그런 거다… 험!

2010.11.17

며칠간의 일기

2월 11일.
어머니가……. 쓰러지셨습니다. 말도 못 하시고 물도 넘기지 못하시더니
일주일이 지난 오늘, 엷은 미음을 한 수저 넘기시는데 오랜 시간 걸렸지만 얼마나 기쁘던 지요!
아마, 내일쯤엔 한 수저 거뜬 넘기시며 웃으실 겁니다.
〈이눔아, 걱정 마라. 난 백다섯까지 살껴!〉

아무렴은요! 어머니…….

2월 14일.
오늘은 기분이 참 좋습니다.
누워만 계시더니 아침 참깨죽을 끓여드렸더니 잘 드시고 걷기 시작하셨습니다! 아직은 아가의 걸음마 수준이지만 온 식구들 웃음꽃이 피었습니다.
행복의 강물이 가슴으로 흐르는 아침입니다.

3월 7일.
바람이 불어 추운 느낌입니다.
엄니는 또 다시 두 번째 쓰러지셔서 다시 처음처럼 걷지도 못하십니다.
지인들의 기도로 나으시는 줄 알았는데 도로 눕게 되셨습니다.

제 정성이 부족하여 그렇습니다.
울 엄니 저보고 늘 말씀하셨습니다. 〈난 백다섯까지 산다!〉
정말 꼭 정말 그렇게 함께시면 참 좋겠습니다.

3월 11일.
오늘은 더 나빠지셨습니다. 물을 삼키시는 데도 무척 힘들어 하십니다.
몸은 움직이지 못하시고 말도 제대로 못하시지만 정신만은 놓지 않으시고
식구들 밥 때만 되면 밥해야 한다고 힘을 다해 손을 부엌으로 가리킵니다.
변 보기가 힘들어서 성인용 기저귀를 해 드렸는데 부끄러워 손을 젓습니다.
하! 그러실망정 엄니 말씀대로 백다섯까지 제 곁에 계셨음 좋겠습니다.

3월 12일.
태이니면서 난 신한 병치레를 해서 문밖에 항상 삼태기와 곡괭이를 두고 있었답니다.
금방 숨이 멎을 것 같아서요-
그렇게 애태우며 키운 아들이 다 컸어도 엄니를 편하게 해 드리지 못하는 불효자입니다.

움직이지도 못하는 고통 속에서도 혼자된 아들이 안쓰러워 내가 안아드리면 괜찮다고 밥 먹고 일이나 하라고 힘없는 손을 저으십니다.
아마도…….
안쓰런 아들 땜이라도 얼릉 자리 털고 일어나실 지도 모릅니다. 그러시겠지요?

3월 17일.
어제는 한 달 가까이 대변을 못 보시다가 많은 양을 보셨습니다!
얼마나 반가운지요! 그래서인지는 몰라도 오늘 아침엔 말도 또렷이 하셨습니다.
아버지의 기뻐하시는 모습에서 전 정말 행복했습니다.
엄니의 대변이 우리 모두를 행복하게 한 아침이었습니다.

2011.03.19.

갑작스런 회상

왜……. 갑자기 첫 만남의 장면을 떠올랐을까?
모르겠다. 그냥, 못 견디게 그리움이 모래폭풍 되어 휘몰아쳐 왔다.
많지도 않은 애들 둘이서 민들레 꽃씨처럼 떠난 자리엔 여전히 그미가 선명한 미소로 웃으며 앉아 있다.
이제……. 아빠 둘러볼 여유가 생겨선지, 큰놈이 별안간,
〈아빠, 여자 친구 만드세요~〉
〈얌마! 손주 셋 둔 늙은이가 여자 친구 좋아하겄다!〉
〈주변에선 잘두 사귀더니만…….〉
〈에라이~~! 문디 가시나 니 애 낳기 전에 말해 주지.〉
〈ㅎㅎㅎ그땐, 아빠, 별루 잘 생겨 보이지 않았어요~〉
〈ㅋ!요놈 바라? 이제 암도 관심 없는 쪼그랑이 되니까 완존 인심 쓰네?〉

태산 같은 물결이 가슴에 밀려 오길래 큰놈을 얼릉 보내고 꽁꽁 숨겨 놓았던 그미와 첫 만남의 사진이 보고 싶었습니다. 지금쯤 남해 바다 정도는 머물고 있을 그미가 많이도 그리워서요…

2012.06.20.

너울 속으로 너울처럼 가 버린 조카에게

네가…….
네가 그렇게도 네 등에 날개를 달고 싶었단 말이냐?
보이는 세상이 네 가슴에 하좁아서
날개를 달았단 말이냐?
이 큰아빠가 이토록 보고 싶은데 넌
날개 달고 어드메쯤서 날 치어다보고만 있느냔 말이다.
훗날에 다시 만난단 말은 가능성이 전무가 아니냐-
넌 하얀 천사의 날개를 달았지만,
이 큰아빤 어쩌면 네 목소리도 들리지 않는 무간지옥에 있
지 싶단다.

무간도에 있을지언정 너의 고운 눈빛 한번 보고 싶구나!
너의 목소리 가슴에 넣고 싶구나!
하얗게 누워 있는 네 이마에 이별의 입맞춤할 때는
굳세게 버티던 큰아빠도 결국 무너지고 말았다.
민제……. 하늘의 뜻이란 네 이름처럼, 그래…….
하늘에서 가장 아름다운 날개를 달고
빛나는 아침을 우리게 알려다오.

보고 싶어도 볼 수 없는 너는
너만의 방법으로 우리들을 지켜보겠지?

그럴망정 난 네가 지금 무척 보고 싶단다.
내가 볼 수 있는 곳으로 일초만 왔다 가렴. 응? 민제야…

2012.08.12.

고운 제수씨

아파트 뜰에
은행잎 하나 둘 날리던 날
사촌동생이란 놈이
낙엽처럼 떨어져 흙이 되었다

빨간 사과처럼
아름답던 제수씨 뺨으로 끝없는 슬픔의 강이 흐르고
어깨 너머로 출렁이는 파도가
숨죽인 나의 가슴을 울렁이게 한다

두 줄기의 강물이
화전으로 흐르고 숲으로 흐른다면
우리 제수씨
용기를 가다듬지 않아도 될 텐데…….

에필로그

진정한 행복이란 무엇일까?
수많은 학자와 경험자들의 이야기를 듣는다 하여도 결말되지 않는 영원한 수수께끼인 행복의 정체를 당신은 어떻게 설명하실랍니까?
일생에 단 한 번도 아픔을 겪지 않고 부러운 인생을 사시다가 남편이 먼저 돌아가신 어느 노 선배님은 "생의 어느 때가 가장 행복했었냐"는 질문에 "남편과 함께 행복하게 살 때인 줄 알았고, 남편이 돌아가시자 하늘이 꺼지는 슬픔으로 너무 힘들었는데, 그 슬픔을 넘자 남편과의 지난날 행복을 곱씹는 지금 또한 행복"이라고 했습니다.
사랑하는 사람과의 평생 동반처럼 아름다운 모습은 없을겝니다.
때문에 이별했다고 그 아름다움이 변하지는 않을거라 감히 생각합니다.
고루하다거니, 사회의 변화를 따라가지 못 한다느니 하지만, 일말의 변심이 아름답지 못한 것만은 사실이 아닌지요?
죽도록 사랑한다고 결혼했는데 무엇이 안맞다고 헤어지거나, 나를 두고 먼저 하늘로 갔다고 잊고 다시 〈행복〉을 찾는 것이나, 모두 〈죽도록 사랑한다〉는 약속 위반이 아닙니까?
한 날 한시에 함께 죽지는 못 할지라도 서로의 뜨겁게 사랑한 날들을 기억한다면 행복은 그곳에 머물지 않을까?
우리 아이들에게도, 또 결혼식의 초대에도 나는 한결같이

기도 합니다.
〈부디 지금의 사랑이 참으로 영원이길!〉
행복은 사랑하는 사람이 서로 사랑 받기 위해 애쓰는 시간에 머물 것임을 확신합니다.
지금 나에게 맡겨진 이 사랑의 시간은 내 자신도 잘 알고 있습니다.
〈두 번 다시 반복되는 사랑이 아님〉을!
오늘 남겨지는 나의 사랑 노래는 그래서 행복합니다.
누구도 대신 이루지 못 할 그미와의 사랑을 나는 〈죽도록〉 하면서 그미와의 약속을 지키는 행복의 삶을 살아 갈 겁니다.
영원한 삶의 천국에 갈 것인지, 아니면 무간도로 떨어 질 것인지는 모르지만 내가 가는 그 곳에는 반드시 그미가 웃고 섰을 것임을 확신하기 때문입니다.

2013.06.10.아침.